北 京 中 外 文 化 交 流 研 究 基 地
北京外国语大学中国文化走出去协同创新中心　资助出版

有人说，这是一个最好的时代；也有人说，这是一个最糟糕的时代。我们说，这是一个讲故事的时代。人类社会走到今天，第一次来到这样一个所有的人都渴望倾诉，所有的人也都愿意倾听的时代。

——卞俊峰

豁然

一多不分

卞俊峰 编著

ZHEJIANG UNIVERSITY PRESS
浙江大学出版社

安乐哲先生

（摄于 2013 年 9 月 27 日）

田辰山先生

（摄于 2009 年 11 月 1 日）

安乐哲儒学大家团队成员：卞俊峰、田辰山、安乐哲、张凯（从左至右）

（摄于 2017 年 12 月 9 日）

第一届：2011 年儒学与中国文化传播种子师资培养班合影
（摄于 2011 年 7 月 9 日）

第二届：2012 年国际儒学与中华文化师资班合影
（摄于 2012 年 7 月 1 日）

第三届：2013 年中华文化与跨文化传播师资班开班仪式合影
（摄于 2013 年 7 月 15 日）

2014中华文化与跨文化传播案例培训班

第四届：2014 年中华文化与跨文化传播案例培训班合影
（摄于 2014 年 7 月 18 日）

第五届：2015 年中华文化与跨文化传播讲习班结业式合影
（摄于 2015 年 12 月 12 日）

2016国际尼山儒学与中华文化跨文化讲习班

第六届：2016 年国际儒学与中华文化跨文化讲习班合影
（摄于 2016 年 7 月 2 日）

第七届：2017 年国际儒学与中华文化跨文化讲习班开营合影
（摄于 2017 年 7 月 3 日）

第八届：2018 年国际儒学与中华文化跨文化讲习班合影
（摄于 2018 年 7 月 16 日）

第九届：2019 年国际儒学与中华文化跨文化讲习班合影
（摄于 2019 年 7 月 14 日）

序

卞俊峰的这本书，是一本介绍"一多不分"的实用小册子。我们十分感激他的辛勤工作，他为这一很具阐释力的提法能进入人们的视野做出了很大的努力。和卞先生一样，我们也认为，"一多不分"在传统中国哲学所建构的基础宇宙论上，具有坚实的阐释力量。当然，"一多不分"作为一个观念，本是根植在《易经》的思想。更确切地说，第一个提出"一多不分"的，是唐君毅这位现代伟大哲学家。他以这四个字，言简意赅地托出一种自古一以贯之的中国宇宙论。唐君毅看到的，是中国"一多不分"宇宙论，它与希腊以假设为基础的形而上学和认识论是形成鲜明对照的。

和唐君毅一样，我们也看到《易经》在对生生不息的中国宇宙论、世界观和常识性思想的理解上是根本的。《易经》对于道家和儒家具有同等的重要性，这在于它对中国思想历史的讲述，也在于它可成为确认原始中国宇宙论的文本证据。恐怕对世世代代中国文人学士所怀大志以及对中国自我认识产生的影响而言，没有其他任何文献能与《易经》相比。阐述千变万化的世界与人类经验之间存在的动态的关系，是《易经》的主旨要义。该经典文献的目的性于根本上既有规范性也有指示性。它关注的是有关生命的最直接问题：天地与人类事务"一多不分"、相互圆成，怎样参与到这样的自然过程中，才能使世间潜在的可能性呈现最佳状态？儒家的"道德"本是一种宇宙的意义。它是在天地与人力运作间产生的协同关系中呈现的。

黑格尔在其《逻辑学》的"序言"中指出，每逢某一哲学课题，我们的第一个问题总应该是：从哪里开始？写这篇"序"，我们的目的在于帮助卞先生的读者，回到唐君毅先生自己的初衷，对"一多不分观"加以阐明。在唐君毅看来，中国宇宙论是不讲什么"质体"或"质相"的宇宙认识，而是"一多不分观"；或者更清晰地说，是"独特性与多样性、延续性与多重性、合一性与整合性"的"一多不分观"。唐君毅这一提法的意思，是如果我们对宇宙呈现的秩序的思考，源自生存生活经验的整体性，那么我们可以认为这样的经验既是动态延续的，也是众多范畴多重性的；既是一以贯之、延绵不断的过程流变，也是明显自我圆成的现象。这是自然界一切现象特点的偶对方面彼此互含的例子，即特殊性与整体性的互含。这就是说，在我们的经验场域中，能以不同的方式聚焦于任何具体的事物：一方面，它是一个独特且具有一贯性的特殊存在；另一方面，它由关系所构成，将整个宇宙囊括其中，也将发生于不同特殊关系形态之内的一切囊括其中。例如，某人是独特的，这是他与其他人的区别，但同时他的博大性，又可给予构成他的社会和自然关系一个充分的叙事；以此，我们必得尽述宇宙的整体性。

过程性世界观在根本上是域境性的，嵌入其中的特殊事物同它所处的环境既是相延续的，也是相区别的。这样一种"心/场"（或曰"焦点/场域"）关系，正是"道德"的语言——经验之场域曰"道"，特殊性的万物谓"德"，又构成"道（场）"，这是"一多不分观"的另一种表述。在《易经》中，"一"与"多"相互性的喻义，含于变换四季的意象之中，它们既是分明的，也是互相延续的："变通配四时。"

这种"延续性与多样性"的"一多不分观"，对于我们理解所能见到的全部原始哲学文献都把万物之"浑然而一"或"与万物合一"称为"圆成"的观点，是很有必要的。

然而，"一"是一个具有不确定性的词汇，而且在一种过程世界观中，指的东西很不一样，不是在我们讲实质本体论时所指的东西。只有搞清楚哪种"一"的蕴意才符合"气"的宇宙论的情况下，我们才会知道怎样在属于中国宇宙论的一套语汇和误读中国宇宙论的一套语汇之间进行区分。

我们可以把"一"的蕴意按两类不同意义分开，区分的方法是按照事物的联系性。我们熟悉的同亚里士多德联系在一起的一种意义分类，是按照外在联系性分类的。这种意义分类基于的是物的相互独立性，这样它们就可被简约地划归为某个物种或者科属。一切单子个体人都是一样的理性动物，因为这个同一性而被划归为"homo sapien"（智人）的"物种"。人类具有"热血物种"

的共同特征，这一特征又被划归"哺乳动物"的科属。这样一种对物的理解使得被理解的物是各自独立和量化的。一切物都是排斥性单子个体的，而且按照本质特性可分为自然类属。这些物种与科属构成一个"宇宙"——一个单一秩序由部分与整体组合的"宇宙"。对"一"的这种彼此分离且量化的理解，与"本体世界观"的关联是最紧密的。"本体世界观"在西方哲学叙事中具有重要地位。在这一"本体"公式中，"多"是这个"一"同质实体的派生之物。

另一种不那么为人熟悉的对于"一"的意义分类，是按照内在性和构成性，而不是外在相关性分类的，它所基于的是物的相互依存关系。这个宇宙论讲述的是一个蕴含全息的场域，其中任何的"一"都总是具有独特细节，这就要求对特殊细节物全部的错综复杂性统统给予考虑。真正去认识一个具体的人，是以一种具体的方式，且从一种特别的视角，去了解整个宇宙。

在他们不可简约化的社会人群身份上，任何一个人都是一个场域中的视点。场域则是一种或多或少充满角色与相互关系意义的分类，这些角色和关系共同构成人类，使得每个人都富有意义。事实上，每个人都是一个"自我的场域"。人只要一动，他们的整个关系网——家庭、朋友、老师、同事、同胞——都跟着他们动。于是，个人的内在性一致，是"仁"的圆成——一个同他人一道在构成自己的关系中成人成物、久久为功的"苟日新，日日新"过程。如此践行，人做人成仁，或曰"成为一个'圆成之人'"（"consummate"之原拉丁词含义："con"意为"together"，即一起；"summa"意为"the highest"，即至高至远点）。

"一"的这种意义还蕴含一种"个人化"的过程。通过努力，个人在家、国之中圆成赋予丰富意义的关系；他渐渐让自己成为一个受人尊重的对象，就变得脱颖而出了，已然实际成为社会的一个"杰出"成员了。在这一现存世界，"一"也是彼此之连续，而且"内在性一致"指的是"浑然合而为一"。当然，"一"也蕴含独特可信且真实的素质。对"一"的内在关系性、相互依存性和素质性的理解，更是与过程世界观分不开；从过程宇宙观看，"一"与"多"不过是同一现实情形的两个方面而已。

一想到中国世界观中"万物"的意象，具体性、独特性和延续性这些观念就有了关联。然而重要的是，要懂得外在与内在关系的区别，也就是实体宇宙观与过程宇宙观的区别，是来自对外部关系与内部关系认知的不同，而不是笼统地说是"西方"与"中国"的不同。即使可以充分辩解本质本体论曾是西方形而上学的主导课题，也仍然有诸如美国实用主义这样的传统哲学流派，致力于对人类经验的过程性理解。例如，查尔斯·皮尔斯的"斯尼克兹姆"（synichism）就是在解释人类的环境世界性质时强调延续性。威廉·詹姆斯则在《心理学原理》一书中，提出了明确的关系观念的"自我"。另外，约翰·杜威提出的"个性"，类似于儒家的"成人（仁）"，是人在仁义关系之中的一个杰出人格的呈现。

有外部关系性，才有单子自主。在这种情况下，个人人格是先于关系的；关系一旦解除，参与关系者个人不受妨碍；但在一个内在关系世界里，是关系自己构成着所在的人。其实单子个人只是从这些构成性的关系抽象而来的。所以关系的解体，等于是通过外科手术使得双方消亡，以至于显示这一特殊关系曾是二者呈现与延续存在的重要缘由。在这种解体情况下，人跟人可实打实地说"结束了""分手了"或"离婚了"，变得没有关系了。

那种单一秩序宇宙的语汇，如"universal"（普遍的）、"universe"（宇宙）、"uniformity"（严整齐一）、"unity"（同一体）、"univocality"（单义性）等词汇的前缀都是"uni-"（同一），只有将其作为理解"气"的宇宙观的对照物时，语义才凸显出来。在古希腊哲学中，"Kosmos"（宇宙）一词有"arche"（原始、物质和直接效果始因/终极不可展示原理）、"logos"（逻格斯——潜在组织化原理）、"theoria"（冥想）、"nomos"（法则）、"theios"（神性）和"nous"（可知度）等一系列蕴意。这些语汇组合在一起，呼唤出某种单一秩序——神性宇宙概念，这个宇宙由自然与道德法则主宰着，它最终对人类智力而言是可知的。但是那些对于"一"实行本质化的语义，导致的是通向终极"身份"（identity）和去域境化、去相系化，也最终导致"一"与"多"之间、"多"本身之间的原子性分裂；这是不属于中国宇宙论情况的，它不是严格单子个体的，是非单一秩序性的（acosmotic）。这就是说，古代中国世界观之中不是单一秩序宇宙，它的"多"不是由一个超绝、外在独立的"一"所派生决定的，因而也不是可简约、还原到这个"一"的。中国的宇宙同那个万种特殊事物皆是要向着某种高远实质体消解的宇宙（Kosmos），是不一样的。

"一"和"一"的二元对立，也扩展为"一"和"多"的二元对立，这是根据几个假设而来的。某种创造原理以超绝和本体为先，使造物者独立超绝于它所造万物之上。这一假设建立了人们所熟悉的大写"一"与小写"多"（One—many）、小写"本体"背后存在大写"本体"（Being behind the beings）、小写"影像"背后存在大写"质相"（Reality behind appearances）这种二元分叉。唐君毅在阐述中国宗教感的独特性时明确指出：中国民族不含超绝意义的"天"的观念。中国人对"天"有个普遍的观点，就是天与地是分不开的。

一个"实在"本质被假设成为不太实在之物的本体基础，如"实在"精神或者灵魂被假设为瞬息的、不太"实在"的肉体的基础，"实在"上帝被假设为瞬息的、不太"实在"的世界的基础，这使得从诸如此类"本质"之间所获得的关系是外在的。被给出本质所定义的事物，比如人的灵魂，一开始就作为分离、独立、类别的实体，之后又一起进入关系中。与此同时，是以这种共有本质条件的事物的严格"本质"（identity）为单义的基础；比如，人类被视为人性。人与人不相系也在静止与运动、永恒与变化、本体与过程之间的最终分离假设中得以彰显；在这每一偶对之中，前者都是后者的目的性起始来源。

唐君毅对中国自然宇宙观所做的思考十分深刻，乃至将"个别"与"整体"之间特有的全息性、相互依存的关系，视为中国文化总体的杰出贡献。它即：将部分与全体交融互摄之精神；自认识上言之，即不自全体中划出部分之精神（此自中国人之宇宙观中最可见之）；自情意上言之，即努力以部分实现全体之精神（此自中国人之人生态度中可见）。

人们只需想想"家"这个比喻，以及中国世界观的家庭含义中人与人联系的无处不在，即可发现具体实例所蕴含的唐君毅"一多不分观"的深邃见解。正是因为具体特殊的人是呈现于世界的，世界是嵌在多重意义家庭关系环境中的，所以家庭被视为人类基本单位，这使得家庭的任何特殊个人都是一个概念的抽象。

唐君毅是世界级哲学家，他的思想是不简单的，不是很容易即可掌握的。在这本小册子里，俊峰以其胆识气魄，为我们大家做了一件具有巨大意义的工作，以求"一多不分"这一思想可以通过不同方式来表达，并以此来阐明一个根本的、与时俱进的中国世界观。我们非常感谢他。

安乐哲　田辰山

（卞俊峰译）

目 录 ----------------------------------- CONTENTS

第一部分

安乐哲与『一多不分』

说　明

《世纪大讲堂》实录（一）（二）（三）

录自凤凰卫视《世纪大讲堂》"东西对望"系列节目

2014 年 10 月 17 日

主讲嘉宾：安乐哲、田辰山

题　　目：儒家中国与变化中的世界秩序

　　　　　　由《世纪大讲堂》记录、翻译

第一节
有趣的中西差别

我们处在重要转折时期。中国仅用一代人时间，便奇迹般崛起，确实令人刮目。我们正目睹世界经济、政治秩序发生的重大转变。世界文化秩序也会变吗？中国文化是不是也将改变世界？

——安乐哲

我们国家改革开放已经四十年，我们与西方人的交往已经很广泛，相互交流、相互了解得比较多了。开始的时候，对于中国人和西方人的一些差别，我们有好奇，有不解，但久而久之就变得习以为常了，或者说我们熟悉了、掌握了一些西方人的习惯。

但是，这些差别仍然在那里。我们不会改变，西方人也不会改变。

有趣的差别一

我们知道，在外事场合，比如有外宾参加的宴会，开始打招呼的话，中文是"大家好"，"大家"的英文翻译是"everybody"。

我们中国人在不同场合，称呼方式丰富多彩，最具有通用性的就是一句"大家好"。在家里可以说"爷爷奶奶、叔叔婶婶、弟弟妹妹，大家好"，在工作单位可以说"各位领导、各位同事，大家好"，面对同学和朋友可以说"同学们、朋友们、兄弟姐妹们，大家好"，等等。一句"大家好"，就把所有人都招呼到了。

"大家"的意思是"大的家庭"或"所有的家庭成员"，这个理解有问题吗？没有，我们内心里就是这个意思。

但是，把"大家"直译成英语"big family"可以吗？不可以，西方人不用这样的称呼。

把"大家"翻译成英语一定是"everybody"或者"everyone"，即"每一个人"。

明明我们想说的是"大家"，不想说成"每一个人"，但是英语只能这么说。

反过来也一样。西方人就是要称呼在场的人们为"每一个人"，直译过来我们无法适应，就替他们说成"大家"。

这很有趣，但是为什么会有这个差别呢?

有趣的差别二

西方人学习中国家庭成员的相互称谓时，很头痛。

我们对家庭每一位成员都有一个专有的称谓，比如"二大爷""三姑奶奶"等，很复杂，但是不可以弄错。

西方人则大大简化。亲兄弟姐妹可以区分为兄弟和姐妹，伯父、叔叔、舅舅等是同一个词，姑妈、姨妈等是同一个词。而在当面称呼的时候，最日常也是最不会搞混的办法是直呼其名。

中国家庭中，对长辈和年长的成员，直呼其名是不被容许的，它已经超过了不懂礼貌的范畴。

西方家庭中，孩子称呼父母的名字，是可以的;直呼爷爷奶奶的名字，也没有不亲切、不尊重的感觉。

在西方，对于家庭成员配偶的表述方法，是加"in-law"来表明，即依法律而形成的亲属关系。法律观念的出现是比较晚的事情，那么，西方早期是什么情况呢?

中国人在各种场合都可以说"大家好"，而在家庭内部却区分得十分清楚。从原理上讲，随着家庭关系的扩展、延伸，一一对应的称谓也可以无限延伸对应。西方人则是在任何场合都称呼"everybody"，对自己家庭内部成员也是同样，最基本的原理是每个人有自己的名字。

关于人的名字，中国人力求与人不同，取名时希望个人的名字是独有的;还有，取名要避免与长辈的名字相重。西方人则不同，他们可以取与他人一样的名字，比如自己喜欢的叔叔、爷爷的名字，或者某一位英雄、偶像的名字。

中西之间的差别，何以如此巨大?

有趣的差别三

中国人的名字是姓在前，名在后。姓是家族的标识，家族的标识在个人的标识之前。

西方人相反，名在前，姓在后。个人的标识在家族的标识之前。

还有一个典型的不同之处。

中国人写信的地址是：

××省××市××区××街道××楼××室。

西方人写地址正好相反：

××室，××楼，××街道，××区，××市，××省。

可见，中国人的意识指向是先有群体，后有个体；西方人的意识指向是先有个体，后有群体。

这样显著的差别，甚至截然不同，究竟意味着什么？

难道仅仅是一种习惯上的不同？

习惯的不同，是否反映了文化的差别？

文化的差别，更深层次的原因是什么？

深层次原因的影响有多大，有多广？

中西文化的差别究竟是什么？

"一多不分"点滴

一位中国学者说：东方和西方有一层文化纱幕，造成的隔膜由来已久。这层纱幕远比有形的高山大海的阻隔更难以穿透，它不曾因当代高科技打造的交通与通信手段而悄然退却。因为它是文化，深深根植于人潜意识的世界观、方法论、思维方式、价值观、语义结构的差异里。

一位中国武汉大学研究生说：隔膜不仅仅体现在中西文化上，中国人与自己的文化，与自己文化的传统也有隔膜。当然每个时代都有每个时代自己的文化，但现代中国人与自己文化的隔膜更深些。安老师打破了这个隔膜，他的文化比较是全面的、根本的，他对中国文化整体地加以理解，深入中国文化内部。

我的体会：＿＿＿＿＿＿＿＿＿＿＿＿＿＿＿＿＿＿＿＿＿＿＿＿＿＿

＿＿＿＿＿＿＿＿＿＿＿＿＿＿＿＿＿＿＿＿＿＿＿＿＿＿＿＿＿＿＿＿＿＿＿

＿＿＿＿＿＿＿＿＿＿＿＿＿＿＿＿＿＿＿＿＿＿＿＿＿＿＿＿＿＿＿＿＿＿＿

＿＿＿＿＿＿＿＿＿＿＿＿＿＿＿＿＿＿＿＿＿＿＿＿＿＿＿＿＿＿＿＿＿＿＿

＿＿＿＿＿＿＿＿＿＿＿＿＿＿＿＿＿＿＿＿＿＿＿＿＿＿＿＿＿＿＿＿＿＿＿

＿＿＿＿＿＿＿＿＿＿＿＿＿＿＿＿＿＿＿＿＿＿＿＿＿＿＿＿＿＿＿＿＿＿＿

＿＿＿＿＿＿＿＿＿＿＿＿＿＿＿＿＿＿＿＿＿＿＿＿＿＿＿＿＿＿＿＿＿＿＿

第二节

从利玛窦到安乐哲

人由人的关系造就而成，这是孔子哲学的一个根本思想。一直与启迪精神的人群同处，这样度过生命的诸多年华，我感到自己有很大福分。

——安乐哲

哥伦布发现了美洲新大陆。

利玛窦发现了中华文化。

随着地理大发现，以及西班牙、葡萄牙的对外扩张，欧洲传教士纷纷来到亚洲各地传教。明万历年间，耶稣会士率先入华，在利玛窦之前，先后有几十名传教士来到中国，但都没有实现传教的目的。

意大利耶稣会传教士利玛窦，先在澳门努力学习汉语，1583 年来到两广总督所在地端州（肇庆）。他说自己来自"天竺"，让人以为他是佛僧。他修建了第一座教堂，取名仙花寺。他身着袈裟，端坐仙花寺，却口念《圣经》。传教是他的神圣使命。

进入了中国的利玛窦对中国文明非常赞赏：除了还没有沐浴"我们神圣的天主教信仰"之外，"中国的伟大乃是举世无双的"，"中国不仅是一个王国，中国其实就是一个世界"。他感叹："柏拉图在《理想国》中作为理论叙述的理想，在中国已被付诸实践。"他还发现，中国人非常博学，"医学、自然科学、数学、天文学都十分精通"。

更加重要的是，利玛窦发现，中国的主流文化并非"佛教"，而是"儒学"。于是，他脱掉袈裟，开始研读儒家经典"四书五经"，研究儒学和基督教两种文化的异同，试图用耶稣的思想解读儒家伦理。

经过 15 年的积淀与准备，他于 1598 年从南京出发，赴北京见万历皇帝，当时他已经是"满腹经纶"的"中华文化通"。就在顺着大运河南下回南京的途中，在山东临清，他与人合作翻译完了"四书"，这是传到欧洲最早的儒家经典。

传教士入华开启了中西文化交流的道路，正是通过他们，中国和欧洲才在精神层面上相识。传教士这一站在文化交流双轨线上的群体，成为中国和欧洲早期文化交流的主要中介和桥梁。利玛窦以精通儒、释、耶为优势，成为东西方文化交流的第一人。他的献身精神、艰苦卓绝的毅力，以及能心平气和地吸纳与整合不同文化精华的学术勇气，值得多元文化传播者借鉴！

400多年后的今天，在中西思想激荡、交融的浪潮中，出现了一位美国哲学家——安乐哲。

安乐哲先生于1947年12月出生在加拿大温哥华，后移居美国。他的英文名字是Roger T. Ames，中文名字是安乐哲，发音相似，意思很贴切。我们习惯叫他"安老师"。

安乐哲使我们第一次理解了几百年来，我们在中西文化交流中的得与失。

安乐哲与利玛窦在不同的时代，从不同的出发点探索跨文化传播。然而，安乐哲不是耶稣会士，他的追求与担当，在于改变400多年来，一代代传教士对中华文化的误读、误解与误导，让世界重新认识中华文化的真面目，共同分享中华文化的精华；让中国人扔掉400多年来进口的"鞋拔子"，"卸下镣铐跳舞"，用中国的话语和思维，把原汁原味的中华文化经典奉献给世界，并接纳外来的文化精华，以整合与建构新文化。

从利玛窦到安乐哲，其实是一个从"一多二元"到"一多不分"地阐释中国的过程。利玛窦把西方的"主"（Lord）同中国的"天"附会在一起，把中国哲学解读为"一神造天、人、万物"及"神决定人"的传统，并将此解读"工具"传授给中国的知识精英，导致400多年来众人对中华文化的误读。而今，安乐哲以"天人合一""三才者，天地人""天时地利人和"等重"人和"的文化核心观念为参照，提出中国是"一多不分"文化语义阐释语境，用"人与人"哲学思维，将被误读的中国传统从利玛窦"神与人"的西方特设哲学框架中解放出来。"一多不分"带领人们重归"原汁原味"的中国经典。

在2013年召开的世界儒学大会上，文化部和山东省政府将2013年度孔子文化奖授予安乐哲先生。颁奖辞如下：

孔子文化奖颁奖辞
中国文化的传播者、阐释者——安乐哲

他是当代西方著名哲学家、汉学家,中西比较哲学研究的领军人物。

他钟情于东方文化,倾心于中国哲学,涵泳于儒道各家,贯通古今中西,举手投足间尽显谦谦君子风范。

多年来,他不遗余力地向西方推广中国典籍,翻译了《论语》《老子》《中庸》《孙子兵法》等多部经典,他对中华元典的新诠释、新解读,成就非凡,独步当代,有力推动了中华文化走向世界。

他尊重孔子,精通儒学,他将儒学与西方文化进行对等、互动式研究。他深入孔子的思想世界,追本溯源,深剖精析,总结儒家文化特征。他提出"儒家角色伦理学""儒家民主主义"等新理论,对儒学做出创造性阐释。他积极探讨中国儒学的现代价值,为谋求多元文化共存互动而努力。

他主张会通中西,全面诠释中国哲学的内涵,构建了独到的中西比较哲学方法论体系,消解了以往西方学者对中国哲学的一些误读与隔阂,为中西哲学的互相理解与深层对话开辟了新的道路。

他致力于文化的沟通与交流,周游世界,讲学不辍,广泛联合中西学者展开对话,参与主持世界文明论坛,主讲中华文化与跨文化传播师资班,以其个人的学术魅力构架东西文化交流的桥梁。

他好学深思,真积力久,以其丰富的著述、精深的见解,驰骋学坛,享誉全球,为推动中华文化传播与中西哲学交流做出了卓越贡献。

他是中国文化的传播者、阐释者。

"一多不分"点滴

一位美国教授说：作为一名传教士，利玛窦将中华文化附会成基督教进行解释；他用自然起因证明全能造物者的存在，宣扬一切物都是创造而来的，它们本身是创造不了自己的，一切被创造之物，都证明创造的秩序。

一位中国教授说：东西方文明各自延续数千年，二者之间的陌生、猜疑、误读一直持续至今，然而历史上从东方到西方，沟通与理解的愿望和努力从未停止。当代又出现一位跨越东西方的儒学大家安乐哲，让儒学再次走向世界，进入新时代的世界新启蒙。

我的体会：_____

_____

_____

_____

_____

_____

_____

_____

第三节
安乐哲的学术探求之路

> 如果你一直往前走,你最终就会很自然地到达某个地方。我的秘密就是,坚持做一件事情,不要不停地换马。我是始终骑着一匹马走路的。
>
> ——安乐哲

安乐哲先生喜欢讲自己与中国文化的缘分：

> 我对中国哲学和文化的学习要从很多年前说起。写作永远是我们家庭生活的一部分，先父曾创作过一些推理故事，我兄长则终生教授英语文学，我在年轻的时候也写了很多诗。为了能与我们这代人中的精英们一起学习，我离开了温哥华舒适的家，远赴美国南加州雷德兰兹大学的文理学院求学，我的写作热情从而得到了很好的激发。雷德兰兹大学的学习对我来说是一段美妙的人生经历。至今，我仍非常感激雷德兰兹大学通过交换生项目把我送到了香港学习。

> 1966 年夏天一个闷热的傍晚，我孤身一人来到了香港，周围的一切是那样陌生，不同的景色、不同的肤色、不一样的味道。初到中国的这个夜晚，从尖沙咀弥敦道上小旅店的窗户向外望，我清楚地意识到自己短暂的生命已经发生了不可逆转的变化。

从此，安乐哲开始了非同寻常的中西文化探索路程。

安老师走过了一条怎样的学术探求之路？

2017 年 12 月，安老师迎来 70 周岁生日。上海《文汇报》编辑李念女士特意制作了一个视频，把安老师的学术经历做了梳理，比较简略，却颇富感情。主要内容如下：

> 1967 年夏天，19 岁的安乐哲乘着"柯里夫兰总统"号轮船，从香港途径旧金山回到温哥华的家中。母亲兴奋地对邻居说："我家罗杰去了日本，学了心理学。"安乐哲纠正说："不是日本，是中国香港；不是心理学，是中国哲学。"母亲哈哈一笑："差不多，差不多。"母亲不知道，他们六个孩子之一的罗杰，已经痴迷于孔子的"修身""弘道""平

天下"理念，此后的 40 年，"道不远人""矢志不渝"。

2016 年，夏威夷大学哲学系退休教授安乐哲在中国有了三份工作：博古睿研究院中国负责人，北京大学人文讲习教授，曲阜中国孔子研究院儒学大家。

安乐哲目标清晰：既对话中国哲学，也对话西方哲学。在世界文化新秩序的构建中，这是自己的最佳位置。

安乐哲远离家乡温哥华，去美国旧金山就读于雷德兰兹文理学院，是因为该校会请诗人来讲课。年轻的安乐哲曾经热爱写诗，然而没有传奇经历，这渐渐让他苦恼。看到香港中文大学的交换生海报，他脑海里的种种东方元素，瞬间都染上了西部片式的浪漫色彩。

因为西方没有中国哲学专业，为了完成这个夙愿，安乐哲辗转台湾大学、大阪大学、东京教育大学、伦敦大学、英属哥伦比亚大学等多所高校，研修中国哲学和西方哲学的本科和硕士课程。直到 1978 年夏天，他花了整整 13 年，最终获得伦敦大学亚非系的哲学博士学位。

"我很幸运，其间遇到了五个一流的老师。"

在香港中文大学的崇基书院，安乐哲跟着劳思光细读了一年的《孟子》。牟宗三、唐君毅这些儒学大师都在那里。劳思光不认为自己是新儒家，他也同样熟悉康德，但不迷信康德主义，始终具有东西方两种视野，这潜移默化地影响了安乐哲一生。

在台湾大学研修中国哲学的两年里，安乐哲跟随新儒家方东美。1970 年，安乐哲已经在《中国哲学问题》杂志上发表了《庄子的性概念》一文，他颇为得意地向方教授请教，等到第三周却始终没有回复。后来，方东美的一句"不要那么快成名"犹如当头棒喝，让安乐哲铭记终生。此后，和方东美一样，安乐哲的第一本著作《通过孔子而思》在 40 岁出版。

刘殿爵是安乐哲在伦敦大学的博士生导师。"你读了几遍《淮南子》？"见面后刘殿爵的一句话让安乐哲汗颜。1978 年获取博士学位、执教于夏威夷大学后，他依然每年去香港和刘殿爵读《淮南子》原著，之后共同翻译《淮南子》《孙膑兵法》。"他让我明白，一定要读原文。"

他在台湾大学结识的杨有惟教他道家。在伦敦大学结识的汉学家葛瑞汉教他互性思维。或开阔视野，或扎实小学，安乐哲庆幸道："我骑着一匹马，一直朝前走，始终有睿智的领路人。"

安乐哲第二大庆幸是，自己在香港中文大学同时学习中国哲学和西方哲学。这不仅使得他没有作为西方人的优越感，反而树立了他向西方澄清对中国哲学的误会的宏大使命。《儒家角色伦理学》一书，可以视为安乐哲对中国哲学研究成果的综合性表达，2011年出版英文版，2017年出版中文版。该书论述了在儒家角色伦理中，关系是一种事实，角色不仅是关系的描述，人类还可以通过它们实现家庭和社区的繁荣，以此作为自身的最高成就。

选择一位西方哲学界颇具权威的哲学家作为合作伙伴，阐释中国哲学的丰富内涵和价值，以此来实现世界学术共同体合作的最大化，这是安乐哲活用儒家角色伦理的明智之举。

郝大为是毕业于芝加哥神学院和耶鲁大学的西方哲学家。郝大为和安乐哲的合作持续了二十五年，两人合写了六部著作。1987年《通过孔子而思》、1995年《期望中国：通过中西文化叙事而思》、1997年《汉代思维：中西文化的"己""真理"与"超越性"》，经常被称为"郝、安三部曲"。他们还合作翻译《中庸》《道德经》。罗思文是师从语言大师乔姆斯基的西方哲学分析大家。罗思文和安乐哲合作创立了自觉性阐释的方法，合译了《论语》《孝经》。

安乐哲尊重传教士精神，也尊重汉学家，但他试图纠正几百年来中国哲学基督教化或东方式玄妙化的西方误解。例如，"天"不宜译成"Heaven"，"礼"不宜译成"ritual"，"道"不宜译成"the Way"，等等。他致力于哲学翻译，并逐步创建了安氏中国哲学关键词词汇表，"儒家角色伦理"由此也被称为"安角色伦理"。享受合作带来的知识分子之间亲密感的安乐哲称："其实，这是所有合作者的智慧结晶。"

毋庸置疑，经过安乐哲等人30多年的努力，中国哲学消除西方误读和重建地位的目标正在实现着。

加盟夏威夷大学哲学系，当时唯一拥有关于中国、印度、日本三个国家，以及佛教和伊斯兰教的课程的大学，是安乐哲第三大庆幸。从 1978 年至 2010 年退休，他担任了《东西方哲学》季刊主编 30 年，中国研究中心主任 9 年，2014 年创立了世界儒学联合研究会，力推中国哲学。但他最骄傲的是，自己执教 38 年，培养了 40 余位东西方比较哲学博士。他和弟子们对中国哲学的阐释方法，被称为"夏威夷学派"，在英语和汉语世界的影响与日俱增。

2013 年，安乐哲荣膺孔子文化奖，2014 年他获选国际儒学联合会副会长，2015 年喜获北京师范大学会林奖，2016 年山东省儒学大家垂青于他。

在连连获得嘉奖的同时，安乐哲也谨慎地处理着被西方知识分子质疑的"是否成为政府代言人"的问题。在他看来，这是因为西方还不了解中国，不知道提出"一带一路"倡议的国度拥有的哲学文化在世界新文化秩序重建中的潜力。

"这需要我们的耐心，聚沙成塔。"安乐哲认为自己的使命如同当年劳思光的东西方双重视野，即把儒学带到外国，让更多的西方人了解和正视它。

正如他中文名字的来源，安乐哲对东西方文化的辨析和传播，不仅是知之者，而且是好之者，更是乐之者。

2007 年，安乐哲先生来到北京大学哲学系担任人文讲席教授。田辰山教授是安乐哲先生的学生和得力助手，他在夏威夷大学学习和工作 20 年后，与安乐哲先生一起开始在中国开展学术活动。

田辰山师从美国比较哲学家安乐哲和新儒家成中英，获政治学硕士、哲学硕士、政治学博士，多年来在美国夏威夷大学中国研究中心从事美中交流和研究工作，主持美中文化教育交流，曾为夏威夷大学全球化研究中心的高级研究员。现任北京外国语大学东西方关系中心主任。他曾在美国、中国一流学术刊物发表诸多论文；出版英文哲学专著《中国辩证法：从易经到马克思主义》；数次负责大型国际学术会议组织工作；曾到美国和中国多所大学教授政治学和哲学思想比较课程。他认为，自己带回来的最重要思想就是从一个更宏大、更广阔的全球视野观察中国及其文化。在国内教书，将自己的所学传授给学生，是他认为最有意义的工作。与年轻学生进行交流探讨，使他始终保持思想活跃，并且促成学术上的进步；学生的每一个问题都能够引起他新的思考。

"一多不分"点滴

　　一位中国教授深有感触地说：通过学习"一多不分"，理解了中西认知世界方式的不同及哲学、文化上的差异；知道了我们在中华文化传播和跨文化交际方面应该做什么和怎么做、教什么和怎么教；知晓了自己应该怎样做一名文化传播的使者；明白了应该怎样进行沟通、怎样更好地进行跨文化交际。

　　一位中国学者深有体会地说：我们追根溯源，认识到了中国文化的灵魂；这让我们厘清了思路，明白了要继承什么、发展什么、传播什么，也深觉任重而道远。真正感受到这种高屋建瓴的核心理论之后，终于意识到，原来这是最核心和最根本的东西。案例是永远讲不完的，好比枝叶；但是"一多不分""一多二元"的理论却如同根，有了这个根，便有可能长出不计其数的鲜嫩枝叶来。

　　我的体会：_____

_____

_____

_____

_____

_____

_____

第四节
"一多不分"与"一多二元"

> "一多不分"宇宙观为儒学和中华文化内核；期待新世界文化秩序的呈现，需以儒学"一多不分"意识增强人类共同命运感，领悟从"一多不分"文化视野去理解中国与世界未来的途径。
>
> ——安乐哲

哲学家安乐哲对中西思想文化进行了深入的比较分析，认为西方思想文化从根本上讲是"一多二元"的，而中国思想文化从根本上讲是"一多不分"的。西方要了解中国文化，须懂中国文化是"一多不分"的；中国要了解西方文化，须懂西方文化是"一多二元"的。彼此有效的交流沟通，在于避免中西简单附会导致的误解，应是"一多二元"与"一多不分"两个语义环境互鉴阐释的话语体系。我们需要学会用它看问题、讲问题。

一、什么叫作"一多二元"？

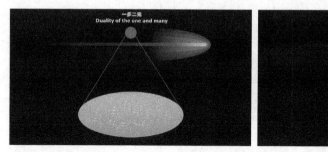

自古希腊至今，"一多二元"的"一"是上帝式的唯一本源概念；"一"是主宰性的，"多"是由上帝创造的一切独立个体万物；"二元"表示"一"与"多"之间以及"多"个体之间对立的关系；"一"决定宇宙的秩序。

安乐哲指出，最先把中国思想文化介绍给西方的是欧洲传教士。他们为了使中国人变成西方唯一的上帝的子民，采取了将中国思想传统附会到欧洲宗教体系之中的策略。在传教士编纂的词典中，"天"是"Heaven"（上帝所在的天堂），"义"是"righteousness"（听上帝的话），"道"是"the Way"（上帝之路），

"礼"是"ritual"（教会礼仪），"孝"是"filial piety"（对上帝虔诚），"仁"是"benevolence"（慈善），"理"是"principle"（从上帝而来的逻辑原则），这些都变成了西方宗教或形而上学词汇。结果，中国思想在西方的话语体系中被解读，但是始终低西方思想一等。中国在西方的东方主义视野中，代表着暴君政治、神秘落后、愚昧原始、停滞不前。

二、什么叫作"一多不分"？

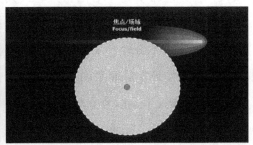

相比西方文化的"一多二元"，中华文化的"一"和"多"是另外一回事。"一多不分"的"一"（"道"或"理"）是自然宇宙、社会万物以及人与人之间相通、互变、互系的浑然"一体"；"一"不是外在而是内在于"多"（万物）中的，"一"与"多"是互含、不二和"不分"的，故称"一多不分"。

"一多不分"的表述很简单，简单得不能再简单，可以说是大道至简；它是我们中国人每天都离不开的最简单平白的事实。"一多不分"的意思就是：所有的人及事物都是不分的关系，是内在地联系在一起的。什么叫内在联系？就是分不开的，彼此都是对方存在的必要条件。父母和儿女是对方存在的条件，没有父母就没有儿女，没有儿女，反过来也不可称其为"父母"；二者是互相绑结在一起的，是内在联系。也就是说，"一多不分"是这样一种意思：任何一个人，都无法与众多他人、与社会分割开来；没有与他人、社会、众多人的关系，就没有任何个人；没有关系就不能生存，就没有生活。所以作为人，我们要意识到，活在这个世界上，有"一多不分"联系着我们，让我们成为不孤单的人，是多么重要的事。这直接关系到我们怎么想、怎么做、怎么说、怎么活，关系到活得有没有质量，活得充实不充实、幸福不幸福、快乐不快乐。

三、"一多不分"是世界观

与古希腊相比，中国人的世界观是：（1）中国传统思想的世界不依靠一个超越性"上帝"的观念；（2）这样的世界是浑然而一的（holistic）、关系的、以人（非以上帝）为中心的，人与人具有相互归属性；（3）世界不是静止的、本质的、不变的，而是变化的、过程的；（4）没有上帝对自然世界的主宰性，却有万物互系不分性；（5）没有本质上不变的事物，只有处在关系中的事物；（6）关系不是外在的而是内在的；（7）世界没有不变的存在，只有变化的存在；（8）事物和人不是以独立个体为形式存在而是以关系存在的；（9）世界不是客观与外在于人的，而是"天地人"不分，生生不息的。

"一多不分"是宇宙论；在所谓的"天人合一""大道之行"中，"合一""大道"的含义都是"一多不分"。"一多不分"是认知观；在所谓"格物致知""即物而穷其理""实事求是"或"仰则观象于天，俯则观法于地"基础上的寂然不动，感而遂通，皆是由知晓天地"一多不分"，实现人与天地"一多不分"。"一多不分"是思维方式，即人已本能地把看到的天事、世事现象于心中从呈现的"关系"形态去对待。一个日常的情况是很好的例子，就是当你看到有两个人在路上搭伴行走的时候，你可能下意识地立刻自问："这二人可能是什么关系？"乃至答曰："同事、母女、姐妹或者其他。"一多不分"是价值观；"一多不分"关系在中国文化环境中是人最优先的考虑，即所谓"人生观"。人缘好就是幸福；家、人群、社会、国家本身就是人的安身立命之处和精神家园。人往往由于失掉与他人"一多不分"的关系而精神恍惚。在特殊状态下，人甚至能做到将"一多不分"的亲人、家国、天下、全人类皆如自己的生命般加以捍卫。具有"一多不分"价值观传统的中华民族所崇敬的英雄，向来是那些敢于为国家和人民安全舍生取义、视死如归的人。做出这样的英雄行为恰是由于英雄本人认为其个人与家、国、民族、人类"一多不分"、生死与共。"一多不分"是汉语结构,亦称"汉语语义环境",即汉字、词汇、语句、话语的构成,无论它们之间的意思有多少差异,皆根植于"一多不分"。"大家"是个平常而又简单的称谓,它的"一多不分"蕴意是:人多了,因为人是如同家庭一样"一多不分"相系的,因此要称"大家"。这与它的英译"everyone"或"everybody"("每单个一"或"每一单体")的蕴意形成了鲜明的对照。这恐怕是最能简洁说明"一多不分"为汉语结构的例子。"一多不分"是必然的哲学;其实,人经验着生活、人、物、世事的"一多不分",以及宇宙、万物、社会的"一多不分",恰是以"一多不分"的汉语为载体,来表述浑然不分的一体。

自古以来,在中国人的精神世界里,人类命运共同体理念就引领着中华民族对价值理想世界的憧憬和对永恒价值的追求。其表述的话语,虽多样而异但同归于一,形式分殊但其理不二,都是用"一多不分"思想讲述中国话语体系。人类命运共同体是人类的精神价值世界,是真善美的艺术理想世界,它蕴含在世界各文明思想之中。

四、语言是文化的承载体

新时代中国特色社会主义思想和文化要求中国必须有自己的话语,必须建设属于自己的思想文化话语体系,其中必须贯穿具有马克思主义哲学高度的、具有颠扑不破的内在联系性和真理性的表述。这个要求将必然呼唤比较中西两大传统阐释的大视野,对比"一多不分"与"一多二元"两大文化语义环境,对人类的基本认识进行划分。"一多不分"是认为宇宙万物天地人之间不存在绝对分立与互不联系的问题,人必须从与他人、家国、社会,与他国、世界,与宇宙、万物的恰当关系出发,对"经济""政治""文化"问题进行思考。而"一多二元"恰恰相反,它把"一己个体"看得如同上帝,甚至比上帝更重要,提倡一切现存经济、政治、文化、秩序,必须服务于"一己个体至上"这一价值。

关于语言结构,中、英两种语言背后都有自己的文化纱幕。掀开二者的文化纱幕，是中西比较哲学的重要问题。例如，英文的"everyone"本义是"每个一"，但是它的中文翻译是"大家"，产生的效果是人们以为"everyone"的本义就是"大家"。比较哲学从语言结构角度告诉我们，二者在语义上风马牛不相及。英语"everyone"本义是"不可分个体性"（individuality），而"大家"直译为英语应当是"big family"；也即在英语世界如果要表达人多，就必须说"不可分的个体"，而在汉语世界表达多个人则是"大家"。英语和汉语反映的是两种不同的世界观：英语是一多二元世界观，汉语是一多不分的"心/场"世界观；英语反映的思维方式是二元对立义（dualism），汉语反映的是人与人不分的互系性思维。语言从嘴中说出，它的文化意义来自下意识。从这个意义上说，文化纱幕阻隔下人们的思维是不同的。汉语语言结构不建立在假设性形而上学方法论上，而是一种经验归纳性方法论的载体。可以说，印欧语系为概念性语言，表述静止、不可分的本质，表述单线单向逻辑（是一种西方语系特殊的一多二元、超绝主义、二元主义范畴载体的单一语义语言）。而汉语是一种互系性、意象性、类比性、全息性的语言体系，语义是通过表达不同意象的偏旁部首和汉字的不同组合与搭配产生互系不分的语义的。

五、中国故事都是"一多不分"故事

"一多不分、一多二元"八个字，是比较中西思想文化阐释话语框架结构的精练表述。"一多不分"是整个中国故事的根本内在结构，也是对其进行讲述的话语体系。这一中华文化叙事源于：（1）中华民族看待天地自然、宇宙万物的传统是"一多不分"；（2）中华民族认识事物的方法是"一多不分"；（3）中华民族的思维方式是"一多不分"；（4）中华民族崇尚（所谓"价值观"）尊重一切事物的"一多不分"；（5）中华民族创造发展的文字语言是"一多不分"结构，对以上起到承载作用。"一多不分"是中国思想文化传统与具有"一多二元"特质的西方思想文化传统的互鉴阐释中产生的，它明确显示：中国故事皆可称为"一多不分"故事，由"一多不分"话语讲述；中国特点突出的好故事，都是"一多不分"故事，都必须是"一多不分"结构话语的叙事。

　　运用比较哲学分析方法，对中西文化传统的根本哲学观念做出"一多不分"和"一多二元"划分，进而放下附会式的话语，用"一多不分"话语体系讲述中国文化的"一多不分"，以及"一多不分"和"一多二元"中西哲学的根本差异，意味着不能简单以西方文化价值标准来评价、衡量中国文化，它揭示了对外文化传播中出现附会式话语并导致严重误读的问题根源。整体上与西方文化传统形成鲜明对照的中华文化是一个"一多不分"（道与万物不分）范畴的世界观、方法论、思维方式、价值观和语言体系——这是中华文化的核心本质，更是中华民族深刻认识自己文化并对此自觉、自信、自强的基本点。

　　与西方人不同，中国人的价值观是：中华文化不以"一己主义"为价值（随之而来的是自由、平等、理性、自主、一己利益、私人、民族国家等价值），而是以活生生的、攸关生命的关系为价值。前者导致零和的暂时规则，后者关注长远双赢的规则。正是这样迥异的文化价值、企图和行为导致了不同结果：在中国，不是与上帝有关的绝对性原则成为价值，人与天地万物的互系不分之道才是中华文化的崇尚和价值；不是以上帝为象征的真善美成为价值，彼此、适当、时中、中庸、适度才是中华文化所珍惜的难得价值；不是崇尚个体性，"一多不分"心 / 场式的关系，和谐、和而不同、天人合一的关系才是最大价值；相对于"一己幸福"，"关系融洽人缘好"才是人生的追求（不能让人在背后戳脊梁骨）；物质不充裕，不患寡而患不均才是价值；相较"竞争"，更崇尚互助；等等。这些价值，无一不是建立在对"一多不分"恰当适宜关系的重视上。"忠恕"是孔子的"一以贯之"之道，由此可见中华文化的庞大价值体系之"正道"或曰"恰当适宜关系"核心。

　　中国人缺乏跨文化能力，究竟是什么原因？中华文化说到底是"和文化"，可"和文化"为什么让人不理解？"和文化"怎么会缺乏跨文化能力？我们一心想的是怎么同人家"和"，可别人的不屑态度总是让我们出乎意料。为什么我们"和"不出去？对于这个问题，我们一天找不到逻辑，就一天处于被动地位。

　　这其实不是今天才有的问题，它与中华文明近现代的命运联系在一起。作为世界最古老的文明之一，中国一直渴望与世界交流。中华文化曾因为西方传教士的纽带作用，在西方产生过广泛而深刻的影响。但必须承认，近300年来，中国在面对西方文化时是被动的，甚至一度失语，不自觉地沦为文化孤岛。问题在于，从中国被西方用武力叩开大门时起，西方就一直扮演中国叙述者的角色，中国沦为西方施展话语权的对象。用西方话语讲述中国，实际上是西方把自己的一个文化结构强加给了中华文化。中华文化被放到西方概念和话语中进行叙述，其原汁原味的文化精神一概被扭曲，变得面目皆非。中国人自己情有独钟的"和文化"，被述说得根本看不出是什么"和文化"，变得很怪异。更悲剧的是，中国人在自己的话语上也告别了传统，而启用西方概念和话语讲述自己，造成"自我殖民"。其实数百年来，中国人只是启用从西语译为汉语的概念和话语，对它原来到底承载和叙述的是什么故事，处在一知半解的蒙昧状态。这才是中国今天缺乏跨文化能力的根本原因。这理解起来其实一点也不难，采用一套不是讲述中国文化精神的语言，我们怎么指望它有可能表达出中国的文化精神来？我们如不了解西方概念和话语原来承载和叙述的是什么故事，怎么会意识到数世纪以来我们一直是用错了语言的？因此，中国跨文化能力的缺乏，实际上是因为丢掉了用来讲述中华文化和中国事务的话语，是因为近现代的西方文化话语被用于中国故事的讲述中。

为什么西方话语就不能讲述中华文化精神？要回答这个问题，必须先回答另一个问题，即西方话语原本所承载和叙述的是什么故事。而弄明白这个故事，就是弄明白西方语言、概念、话语蕴含着的西方思想传统中独具特色的世界观、方法论、思维方式和价值观念。这样，中国缺乏跨文化能力的问题，就追究到哲学层次了，即中国迄今缺乏跨文化能力，在根本上是因为缺乏对西方哲学及其语言的整体理解。

通过中西两边文化的对照阐释，可以扫除文化雾霾。这条路就是：由知彼，而知己，从而达到知己知彼，以自觉、自信、自强的心态，消除文化自卑、困惑和彷徨。中国人必走这条路，西方人也必走这条路；西方需要了解中国，中国也需要让西方了解。西方要了解中华文化，需先了解自身的文化，必须在基本范畴意义上对自己加以了解（即了解整体，了解结构，了解西方思想传统一路走来是要完成一个什么计划）；在这样的意义上，"一多二元"是一个必然的阐释域境。对照西方"一多二元"的阐释域境，就可以得到中华文化"一多不分"的阐释域境。通过彼此的对照阐释，中西都获得了从自己出发进行跨文化传播的能力。对中西哲学与文化的对照阐释，可称之"出庐山"；"出庐山"是因为"不识庐山真面目，只缘身在此山中"，是因为不知彼而不知己。

六、"一多不分"与"一多二元"不是截然对立关系

比较中西哲学和文化，人们有一个很成问题的做法——尤其是西方学界对中国传统的解读，是很糟糕的不对称诠释——总是习惯性地按西方哲学假设范畴，对中国传统施以"理论化"，毫无顾忌地使用"鞋拔子"，把中国的事情硬往非中国的概念框架里塞。

"一多二元"是与安乐哲比较哲学阐释学的"一多不分"相对应的一个简洁术语，用来指称另一个文化特质的哲学。"一多二元"其实是"transcendentalism"和"dualism"这两个描述自古希腊以来印欧传统的两个具有高度概括性英语词汇的中译组合性词汇。"一多不分"和"一多二元"可以作为比较中西哲学文化的两个对应"文化语义环境"（interpretive context），互相比照地阐释中西彼此的传统哲学与文化，确切地观察中西社会、文化和历史现象，从而获得原汁原味的本义。上述汉语中的"大家"一词译为英语是"everyone"或"everybody"的例子，简洁明了地说明了西方总体上遵循的是"一多二元"的哲学文化。"everyone"或"everybody"就是一个承载超绝"一"与单子个体"多"二元对立关系的西方哲学语言词汇。当然，作为比较哲学文化阐释方法，"一多不分"与"一多二元"并不绝对意味着中西文化是截然对立的，不是说西方文化绝对没有"一多不分"思想，或者中国文化也绝对不存在"一多二元"思想。实际情况是，西方传统以"一多二元"哲学为主流，以"一多不分"文化成分为非主流；反之，中国传统以"一多不分"哲学为主流，以"一多二元"文化成分为非主流。

七、马列主义思想与"一多不分"是一致的

不少中国人今天笼统地将马列主义和自由民主一概作为西方思想看待。我们必须从根本上认识这两种思想文化流派。其实，马列主义是"一多二元"哲学文化传统在现代历史阶段衍生出来的颇具"一多不分"特色的哲学流派；而自由民主从严格意义上来讲是沿袭"一多二元"哲学文化传统、在现代历史阶段极端突显"一多二元"哲学文化特质的特殊历史思想流派。不难看清，马列主义思想基本上是"一多不分"世界观、认知观、思维观和价值观，以及由此决定的"一多不分"人生观。而今天自由民主思想极端的"一多二元"世界观、认知观、思维观和价值观，以及由此决定的"一多二元"人生观，是一种特殊历史条件下的西方特色文化产品。"一多二元"与"一多不分"在两个关键点上有明显分野：第一，马列主义人生观所基于的是将一多不分关系视为"人"的蕴意的概念，即它所说的"人是社会的人"的观点，而自由民主流派则是基于"一多二元"的"独立"、互不联系、超绝至上、单子个体的"人"的蕴意的概念；第二，马列主义价值观的目的是"人民"——"一多不分"的社会"人"，也即"联合起来的无产者"（必然性地包括一切人）——的价值观；而自由民主流派的价值观是"individualism"（实际只是少数强者）的意识形态概念，即以虚构的"单子个体"的"我"为终极目的的价值。这是我们在哲学意义上区分西方世界产生的"一多二元"和"一多不分"现代流派所得出的结论；但这不是中国文化语义环境中的马列主义的"集体主义"和西方文化语义环境中的自由民主的"个人主义"价值意义上的两种人生观，特别是在当今条件之下十分风靡的自由个人主义人生观。可以简略地说，马列主义人生观是一种在西方现代产生的向"一多不分"哲学转型的新哲学人生观，来到中国之后自然地融入中国"一多不分"思想传统，成为中国传统本身进入现代的以现代马克思话语承载的"一多不分"哲学的人生观。

八、"一多不分"最初是谁的话

"一多不分"最初由唐君毅先生提出。他在 1943 年出版的《中西哲学思想之比较研究集》中提出了七个关于"中国宇宙观特质"的观点：（1）"无定体观"，即宇宙没有静止本质不变的单子个体；（2）"生生不已观"，即宇宙从来不止息；（3）"一多不分观"，即宇宙之"任何一"物之构成皆必含有"多"（4）"非定命观"，即宇宙为非单向线性、非必然性、瞬息万变、无创造者、无先验神计划性秩序；（5）"合有无动静观"，即宇宙的既是有亦是无、既是动亦是静状态；（6）"无往不复观"，即宇宙的非往而不复、自返流转性；（7）"性即天道观"，即宇宙中任何一物之性均蕴含宇宙整体性。以上观点可以说十分精辟。"一多不分"对这七个观点而言可以说是核心的。但应指出的是，唐君毅在 1953 年出版的《中国文化之精神价值》的序中，否定了他提出的这些观点。安乐哲老师接触到这些观点，十分重视，认为唐君毅是现代中国最杰出的哲学家之一，他对"应当如何叙说中国宇宙观"这个问题的回答至今令人叹服。在安乐哲心目中，这是对哲学做出的具有世界意义的巨大贡献，是高屋建瓴的论述。他的观点显示了惊人的才华。他把大多西方哲学话语中一直到 20 世纪仍有着极大影响的形而上学思维及其虚构性推定前提，通过比较哲学得出穿透性的结论，揭示了欧洲启蒙运动导致世界同质化的倾向。安乐哲尤其重视"一多不分观"，将它作为自己在比较中西哲学视野高度概括中国文化阐释域境（interpretive context，或曰"文化语义环境"）的术语。"一多不分观"表达"一"与"多"、特殊性与一般性、一以贯之与多样性、部分与整体的内在相系不分。"一多不分"可说是当今对中华文化与中国事务能做到精辟阐释的不可多得的高度有效方法。

九、"一多不分"是一把万能钥匙

"万能钥匙""迎刃而解"这种话听起来似乎有点像神话。这其实是因为它本身是"大道至简"的制高点。从高度上看，"一多不分"不仅是哲学，而且是比较哲学，是人的经验实践与智慧思维高度结合的妙语。"一多不分"离不开与"一多二元"的对比，所以它呈现的是时时刻刻处于比较之下的中国思想文化整体状态。整个中华文明应该可以说只围绕着一个"道"字，"一多不分"是对"道"的精到描述，或"道"即"一多不分"。中华文化古今文献浩如烟海，无不是载道之体，亦无不是"一多不分"蕴意的载体。就整个思想文化传统而言，经典文献可以说都是贵在呈现天地宇宙、自然万物、世间人事是如何"一多不分"的，皆是彰显人之宇宙观、认知观、思维观、价值观，以及语言文字结构是必然反映"一多不分"的。自然与文化，无不是"一多不分"；"一多不分"渗透于人的想法、做法和说法，或曰"人的活法"，也就包括社会、生产、生活、历史、政治、医学、军事、艺术、思想流派、文化现象等。所以只要讲的是关于一切社会文化现象的"一多不分"蕴意，就讲出了真谛，就是人人可以听懂的叙事。说"一多不分"是一把万能的哲学钥匙，就是这个意思。

"一多不分"点滴

　　一位美籍华人教授指出：今天讲儒学和中华文化的"一多不分"特质，是由"一多二元"反观而顿悟所得的意识，正是针对中国没有自古希腊就有的"一多二元"观、没有"唯一超绝"与"个体"二元对立的对照阐释的现象而提出的。比照阐释"一多不分"与"一多二元"两个文化语义环境，可以帮助人们找到更恰当、更清楚的方式，去理解中西两个文化传统。

　　一位中国学者深有感触地说：安乐哲教授、田辰山教授"一多不分""一多二元"式比较哲学很深刻，能解释生活、工作、家庭、社会等各种问题。我想对"一多不分"在公司经营和管理上的运用进行探究，在"经典教育"培训上的运用进行探究，感觉对"一多不分"与"一多二元"的深度学习很有收获。

我的体会：_____

_____

_____

_____

_____

_____

_____

第五节

《世纪大讲堂》实录（一）

儒学不是中国的儒学，而是世界的儒学。

——安乐哲

主持人：学术前沿，思想对话，欢迎收看《世纪大讲堂》系列节目之"中西对望"。当今世界正面临着一系列深刻的危机，像气候变暖、环境恶化、能源短缺、恐怖主义、收入不均等，人类正处于一个不断恶化的困境之中。近年来，中国的崛起已经为世界的政治、经济秩序带来了根本性的变革。但是在文化上呢？诺贝尔物理学奖得主、瑞典科学家汉内斯·阿尔文博士曾经指出，人类要生存下去，就必须回到2500年之前，去汲取孔子的智慧。那么孔子的智慧是什么？儒学将给深陷窘境的世界，带来哪些价值？儒学在未来数十年中又将如何影响世界文化？今天我们《世纪大讲堂》非常荣幸地邀请到了美国著名的比较哲学家安乐哲教授和北京外国语大学的田辰山教授来做客，跟我们一起探讨儒家、中国与变化中的世界秩序。

主持人：有一个问题特别想问安老师，就是我刚才讲到的，现在的世界充满了很多这样的危机，比如说北京的雾霾，还有核扩散，或者像种族主义这种不安定的因素。那么您认为，出现这些不安定因素的根本原因是什么？

安乐哲：我个人觉得，用英文讲可以说我们"living in the best and worst time"（生活在最好也是最坏的时代）。我们的这个世界是最好的，也是最坏的。一方面，我们有全球温室效应、全球传染病的可能性，以及水和食品的短缺。在这方面我们现在的情况是一个困境。另一方面，从科学角度，如果谈发展的话，我们人类的发展，现在是最舒服、最有能力的时候，所以问题不是在 condition of our time（我们现在的条件上）。最大的问题是哲学的问题，是我们没有一个 philosophical will（哲学意志），一个哲学性的意志是需要的。所以我个人觉得，如果谈困境的话，我们需要在价值、意愿、行为上有一个相当大的改变。

主持人：所以您认为，哲学是能够帮助大家解决困境的一条途径，对吗？您长时间研究中国文化，比如说孔子的哲学和智慧，那您觉得孔子的哲学和智慧是什么？

安乐哲：简单地说，是"己欲立而立人，己欲达而达人"，我们人类现在有一个个人主义的意识形态——ideology of individualism，这个 individualism（个人主义），是一个 fiction（虚构）。没有 individual（个人主义）这个东西，我们什么都是联合（联系）的，交互（双方）的，什么都是 transactional 的（一起做事情的）。我们的生活不是在我们皮肤里面；你的生理的生活、你的文化的生活、你的社会的生活，都是互相的，跟别人，跟这个世界。所以，儒学最大的智慧，是在"关系"这方面，我们要从"关系"开始，而不是从单独的、个人的、个别性的一个"存在"开始。

主持人：您研究儒学的文化有多长时间了？

安乐哲：我 17 岁到香港去；我第一个老师是劳思光，著名的哲学家，他刚刚去世；（我做儒学的）路程不短，头发已经白了。

主持人：所以田老师，我很想问您的就是，现在为什么有这么多西方的或者是国外的学者关注到中国的这种古典，或者说儒学的文化？您觉得吸引他们眼球的中心是什么？

田辰山：其实这个问题就是刚才安老师说过的，因为我们现在处在这样一个时代，出了这么多问题。实际上西方学者对东方文化、对中国文化、对儒家感兴趣，正是因为这些问题，在西方已经没有从文化上、从哲学上可以解决的办法。用西方的文化来解决这些问题，已经很有限。这个情况已经在 20 世纪 80 年代出现，很多从事这方面研究的人，都在把目光投向东方。比如说，有一个诺贝尔奖的获得者就说过，将来获得诺贝尔奖的人的研究方向不应该再是单一性科学的研究方向，而是一个复杂性科学的研究方向；你要研究复杂性科学，就要到东方来。包括很多像安老师这样的哲学家，也是认为在西方的思想传统文化内部，对于解决今天所遇到的这些问题的手段是很有限了，因为西方思想传统对于解决这样一个复杂的问题是很有限的。在这个节骨眼上，从 20 世纪 80 年代到今天，越来越多的西方学者在转向东方，从中国这个文化传统中找能够用的东西。

主持人：您说到的，我觉得只是我们看到的一方面。一方面是越来越多的国外学者关注到中国的儒家文化；可另外一方面是，我会发现很多的年轻人越来越不重视中国的这种传统的文化，或者是思想，无论是从 20 世纪开始的出国留学潮，还是我们现在的衣食住行，包括很多年轻人的价值观，都是学习西方的。所以，为什么我们自己反而把这个东西给抛弃掉，或者关注得越来越少？

安乐哲：我在北大教书的时候，有一次一个同事说，一方面，安老师他来我们北大，他讲他的美国实用主义，学生们有这个机会是很好，可是我个人觉得他最大的贡献是，鼓励年轻的中国人回头关注他们自己的文化传统。我们现在面临的，说是危机，但也是转折。现在的年轻人，一方面有他们的眼光，是要到外国去，要现代化什么的，可是他们自己的文化基础，是现代世界需要的一个成分。

主持人：那您认为呢，田老师？

田辰山：我认为这个原因，实际上跟我们近代以来的历史过程是很有关系的。因为我们中国作为一个发展中国家所遇到的问题，跟西方那些国家所遇到的问题是不一样的。我们现在遇到的问题是发展问题，我们原来的问题是民族独立问题。现在民族独立了，政治上站起来了，要解决发展问题。你要解决发展问题，你就要到西方学习，你就要把西方作为一个榜样；你要把它作为榜样，就要把它的文化作为榜样。所以我们进入发展阶段以后，等于是把西方当作一个标本，一切都好的一个标本。这种思想影响了我们今天的年轻一代。实际上，我们为什么对自己的文化看不到什么好的地方？是因为我们头脑当中的偏见太多。什么偏见？就是近代以来的这种思想意识，把西方看成什么都好，把西方所有的理念都引进来。用西方的理念来看待中国的文化问题，必然是把中国的文化看成扭曲的。在这个意义上，我们现在的年轻人对于中国的文化，其实是很不理解的。

主持人：那安老师，最开始吸引您的眼球的中国儒家文化，或者说中国的这种传统的文化是什么？最开始的时候。

安乐哲：20 世纪 60 年代，年轻的我到香港去，那个时候我写诗，我对文学很有兴趣。可是在香港我碰到（发现）另外一种名字，跟我们的完全不一样。搞哲学的话，如果你不了解，你的 curiosity（好奇心）会是相当大，所以我那个时候就开始学习中国文化。然后我到台湾去念书，到不同的地方。

主持人：所以说您对中国文化的了解，可能比很多年轻人更深刻。

安乐哲：这个我不敢说，可是我会说那个时候我对中国有兴趣，我个人觉得，这个关系是 understanding the primacy of relationality（以关系性为本的认识）。现在的科学，如 emergence（突现论）、emergent biology（突变论生物学），都要鼓励我们朝一个方向去。可是在中国，不管我们谈儒学、道家、佛学，都是以 vital relationality（重要关系性）为主，是 primacy of relationality（关系性为本）。所以，我们面临当下危机的时候，需要儒学的传统。

主持人：那二位可能也会经常在一起沟通和切磋，二位觉得，中西文化最不同的点在哪里，或者说它们的差异能体现在哪几个方面？

田辰山：我们讲中国文化和西方文化，在讲到根本差别的时候，我们一定要注意不要把中国文化和西方文化对立起来，中国文化和西方文化不是对立的。但是呢，我们能找到西方文化和中国文化，从一种概括性的角度，总结出来的特点。我是安老师的学生，从安老师那里学来的，其实我觉得中西文化差异最根本的就是两点。西方自古希腊开始一直到今天，背后有一个大的思想前提，就是"超绝主义"。所谓超绝主义，就是认为宇宙有一个超自然的、高高在上的那么一个东西，可以说是上帝，也可以说是绝对的真理，由那个东西来产生宇宙当中的一切。由此产生出来的万物，都是单个的东西，构成彼此之间的个体性、独立性。这是西方的思想传统，是西方看待问题的两个很重要的特点。要说中国的特点是什么，恰恰中国的特点是没有这两个东西。西方讲"一"是上边那个"一"，我们中国讲的"一"是浑然而一，大家都是互相联系的，由这种联系形成一个整体的东西。由于这种联系，中国人也就没有西方人所想的任何东西都是单个的思想，我们认为任何东西都是有关系的。所以，安老师总结出来，西方个人主义实际上就是源于把人看成单个，这是个宇宙观的原因。我们中国人，刚才安老师也讲了，讲的是关系，儒家讲的是关系，这也恰恰是中国的宇宙观、世界观，就是把世界万物看成联系在一起的、不可分的。主要是这两点。

主持人：安老师总结出来的这一种东西方差异的根本元素，中国讲出来大家可能会比较清晰地了解到。但是这种差异，在西方国家，或者在您的国家，他们会很清晰地明白您在说的是哪一种差异吗?

安乐哲："不识庐山真面目"，如果他们对中国没有什么了解的话，他们会把他们自己的宇宙、他们的宇宙论，当作自然的一个宇宙论，唯一的一个（宇宙论）。所以，比较哲学、比较文化有贡献，就是看这个（在这里）。田老师刚刚说的是，我们西方是 quest for certainty（求确定性），是追求唯一的一个真理，是回到那个原来（本源），所以宗教有一个完美（无缺的）、超越性的上帝，是我们 truth，beauty and goodness（真、美、善）的来源。

安乐哲：可是如果在中国的话就是"道"，我们不是追求一个真理，我们要找到最让我们生活繁荣的一个"道"，所以这个 truth seekers（真理探索者）跟 Way seekers（"道"探索者），是一个相当大的差异。

"一多不分"点滴

　　一位中国首都师范大学教授在"安乐哲、田辰山新书座谈会"上发言说：安乐哲教授发现了世界哲学的新维度，让儒学再次走向世界，进入新时代的世界新启蒙。这次新书座谈会，能否成为21世纪儒学再次西行的新起点？让儒学在当今世界格局大变化进程中，再为人类传播命运共同思想？

　　一位美国教授谈对国际尼山中华文化师资班的感受时说：在哲学和政治方面，我认为文化比较角度是很重要的。中国文化和所谓的西方文化对同一问题的不同理解方式，对我这个西方人帮助很大。将儒家的经典作为镜子和窗口，使我们很多人都意识到，不管怎样通过它们来鉴明自己内心和观察世界，我们看到的都是一切美妙的相互联系；没有自我，没有他体，没有我们，只有共享、相识、交流——相认的亲密。我们之中许多人已习惯于沿袭自古希腊的西方文化，面对虚实交织的现实，总是难以放下心中的那份紧张。我们了解了中国崇尚什么，中国人世世代代如何行为，尤其是他们对待家庭、对待先贤、对待世界变化的态度和向着和谐的努力。

我的体会：_____

_____

_____

_____

_____

_____

_____

第六节
《世纪大讲堂》实录（二）

当今世界，文化长期由强势的自由主义所主导。到处蔓延的个人主义及与之伴随的"自由价值"，导致"有限游戏"成为流行思维模式。"有限游戏"，就是产生一个赢家、一个输家，让我是赢家，你做输家；"无限游戏"是我和我的孙女为了面对越来越复杂的一个世界要加强我们的关系，没有一个起点，没有一个终点，规则随时改变，最后的目标是繁荣的生活，是一个关系为主的模式，而不是赢赢输输的模式。要解决现在世界的困惑，必须从有限游戏模式转向无限游戏模式，就是这样简单。

——安乐哲

主持人：好，那更多内容呢，我们有请安先生，给我们带来今天的演讲。今天的演讲题目是"儒家中国与变化中的世界秩序"，有请。

安乐哲：（英语演讲）

非常感谢！正如我刚才所说，我们生活在一个最坏的同时也是最好的时代。一方面，我们有那么多问题——全球变暖，如果你生活在夏威夷，它是确实的；传染病蔓延、食物和饮用水短缺、核扩散、全球恐怖主义等所有这些糟糕的事情。另一方面，我们有科学技术、社会理智来解决这些问题，问题是在思想上我们需要一个革命。思想革命并不只是个浪漫意念，比如绿色观念在这一代人中真的变得非常流行，绿色观念传播还只有一代人的时间，但是年轻一代开始思考他们必须以一种不同的方式生存，如果他们想让世界维持下去，为了他们的孩子，以及他们孩子的孩子。

我们所面临的这些紧迫问题有四种情况：第一，人类是该受谴责的，这些问题中很多地方都有人类留下的足迹；第二，这些问题是没有国界的，不论你是中国人、美国人、英国人还是南美洲人，（这些现象是）到处都有的，是影响到每一个人的问题；第三，我们所面临的这个困境是一个有机的整体，如果不解决所有问题，单个问题是得不到解决的；第四，我们有相应的文化资源来应对这些问题。

美国哲学家詹姆斯·卡斯对有限游戏和无限游戏做了区分。有限游戏非常简单，有限游戏就是乐哲和之斌在玩象棋或者扑克牌，是有有限时间、有限规则的，有一个人要赢，另一个人要输。在一个以个人主义为主的时代，我们是作为个人这样行为的，也是作为民族国家这样行为的。这是一个零和游戏，有赢家，有输家。无限游戏是很不一样的。无限游戏是乐哲和之斌都尽最大的努力来搞好这个班（级），让它最后产生最好效果，让每个人都受益。这取决于我们加强彼此关系，齐心协力面对同一问题，理解我们该怎么做，以使我们根据自己的能力把工作做得最好。这样不是一决胜负，而是共赢或双输，必须加强彼此关系。当我们想到国际事务，如美国和中国的关系，确实需要抛弃零和游戏、你输我赢的观念。就解决当今世界的困境来说，我们或者是共赢，或者是双输。

儒家传统可以为我们提供什么呢？它对个人主义理念是个很大的回应。个人主义在它那个时代具有解放性，是从压迫中解放奴隶的，是打倒贵族统治的。但现在它却变成了对自由主义的辩护，允许富人拥有他们想得到的一切，而穷人却一无所有。我们生活在这样一个时代——在一代人的时间里，我们看到了亚洲的崛起。以亚洲太平洋经济合作组织（亚太经合组织，APEC）为例，它成立于1989年，迄今为止，组成APEC的21个成员的贸易额增长了400%，GDP翻了三倍。我们生活的世界在经济、政治秩序上已经发生了翻天覆地的变化。问题是，世界的文化秩序也会变化吗？如果世界的文化秩序也发生变化，儒家传统的贡献会是什么？

我认为，儒家传统的贡献将会是它的"关系性"的理念——以关系性为本的认识，即如果你的邻居做得更好，你也会做得更好。这个观念非常简单。我们生活的这个世界，是个互相依赖的世界，是一个有机整体的世界，是我们都生活在同一个棋盘之中的世界。我们必须承担起责任，不是仅仅为我们自己，而且为生活在这个世界上的其他人。

中国文化会有所作为吗？我们看到在一代人的时间里中国国学的崛起。很多重要大学现在都建立了国学院，数亿万元正在投入到儒学研究、国学研究中。中国有一种自信感正在回归。我们不能忘记，几乎两个世纪了，由于帝国主义，由于我们所讲的科学，中国落后了。在17、18世纪，中国和欧洲各国是世界科学与文明的发言人。但是在过去的两百年间，中国落后了。如果我们去圆明园，圆明园后面的一块石头上写着"勿忘国耻"。我们正处于中国对那块石头上的字做出回应的时刻。中国正在说：中国的未来将会是中国的未来，我们需要国学来理解我们自己和属于我们的传统，我们可以用它来创造自己并对世界做出贡献——

修身、齐家、治国、平天下。中国能够对正在变化的文化秩序做出什么样的贡献，这的确与儒学有很大的关系。

我们要理解儒学是什么。儒学的英文是Confucianism，这一词语听起来跟"马克思主义""基督教"的用法很像。这种学问是以某种思想体系为中心的，（此种思想体系）属于某个人。事实上，中文的"儒学"是与一个社会群体分不开的。"儒"是在商代开始创造青铜器的那群人，是在早期对人的生活起到美感改变作用的。儒学必是与礼相关的，它是将人的动物本能，将人日常的生存提升为优雅、有美感的东西。"儒"是我们，在我们这个年代，我们就是"儒"。在孔子六十代人之前就有"儒"，孔子八十代人之后也是"儒"。"儒"就是人在不同的时代有不同的关切，有时会显得较为思想体系化或较为教条化，有时佛教和道教也会夹杂进来。

儒学不是固定的思想体系，不是一套理念，更不是教理问答。儒学是一种在世的方式，我们有责任去继承前人传给我们的文化，有责任去理解传统、丰富传统，并使用传统来解决我们当前的问题，并使之传承到下一代去，告诉他们也这样做下去。当我们说"儒"时我们要知道我们在说什么。我们说的不是一套封闭的理念，而是一个特殊人群的社会责任。我不认为应该指望儒学对这个困境、对即将到来的严重局面做出正确的回应，尽管（这一危局）正在威胁人类经验的持续性发展。不是只因为我们喜欢中国京剧，因为我们喜欢中餐或者中国电影，就可以说这个传统应该有什么可以应付这些问题的办法。我认为是因为必然性。在夏威夷，我们看到的是海滩正在消失；在今天的世界，全球性危机、自然灾害、极端天气等，这些只会随着时间持续增多。

去年，我在新加坡国立大学任教一个学期。新加坡自称"花园之城"，那是一个非常漂亮的地方。他们有一个穹顶形的地方，里面是一个植物园。当你进入并观赏这个植物园时，就发现它真是对环绕于人类经验的自然之美的颂扬。但是，当你在那里玩了两个小时之后，走到出口处，那里播映着一个令人惊恐的纪录片。纪录片中有一个时间表，它说，如果我们再不改变，再将今天的如此作为继续下去，地球温度将在40年内升高3度。如果地球温度升高3度，地球上一半的生命形态将会消失；生命形态并不是指长颈鹿、大象，生命形态是生态学，海洋酸化、珊瑚沉积岩化将会对海洋的生命形态产生灾难性的后果；如果我们不改变，就会出现灾祸；如果我们继续朝此发展，那么以后地球的温度将会升高，地球上就没有生命了，生命形态将会全部消失。

你可以说这是危言耸听，但是这种顾虑背后有科学家的见解。如果我们在事情发生之前不面对这种困境，那么就再也没有时间了。因此，我们得做什么呢？我们得利用我们所拥有的文化资源来回应当今时代所面临的紧迫问题。儒家传统，以及道家和佛教传统，作为世界文化的一部分，已经大体上被忽略两百多年了。它应该有一席之地。我现在不认为，儒家对一切问题已经有答案。我不认为这是我们谈论的话题。我认为我们谈论的是儒家这里有文化资源这个事实，它在于一种思维方式，使得这种宇宙论、这种传统很重要，可以用来针对我们时代的问题。因此，我认为儒家将对不断变化的世界秩序做出重要的贡献。

也许，一个理解的方法是不同的对"人"的概想。我在这里用个人主义这一理念、意识形态，与儒家思想的"人"的意义进行对比。"个体性"的理念在西方哲学传统中有很深的根源。个体人灵魂不朽的概念一直可以追溯到毕达哥拉斯、柏拉图的《斐多》；亚里士多德、奥古斯丁等都有这些观点——我们不能成为有道德的人，除非我们具有个体化的道德意志；洛克讲我们如何通过投入精力和物力来创造财产；弗洛伊德在"个人主义"中加入"潜意识"的概念；等等。我们来到了一个时代，我们以一个"超级自我意识"的个体生存着，这正是我们认识自己的错误方式。这并不仅仅是西方人采用的一种信仰结构，亚洲的城市精英和年轻知识分子也同样如此，他们的语言已经因为利用西方现代性词汇而被转变了，他们拥抱这些理念的价值，使其成为自己的思维方式。

确实要回到原来的传统，去寻找另一种选择，来替代这种独立的、理性的、自立的、"可证明为正当的、利己的个体人"的概念。这种"人"的概念，是置于家庭和社群之中的，是把自己理解为由所生存的社会的角色身份和关系构成的。儒家传统在"什么是人"的问题上给了我们一个叙事性理解。"人"就是一个故事；"人"就是一个事件；"人"就是一个"场域"的自我。一种对"我"自己的认识方法是，"我"是居于日益令人失望的肉体之中的一个"不朽灵魂"。另一种对"我"自己的认识方法则是，"我"是邦妮的丈夫、田的教授、奥斯顿的父亲、盖尔的邻居，"我"是"我"生存世界里不同关系中的不同角色。如果"我"把这些关系角色都做好，那"我"作为一个人就是有个性的了；如果"我"确实把它们都做好，"我"就会变得杰出。

因此，儒家传统给予我们相对于个人主义的另一种选择。这是儒家思想对当今世界所能做的贡献之一。

从个人主义转到对另外一种选择的理解，对这种转变的一种理解方式就是认识到这一事实。在对西方文化和中国文化进行比较时，我们依靠西方传统来提供理论和概念，我们所做的就是用"鞋拔子"把中国传统硬塞进某种中国本身并没有的概念结构和理论结构。我们会很习惯地问，孔子是"德性"伦理学家，或是功利主义者，还是康德主义的义务论者；但我们不会问亚里士多德是儒家、墨家还是法家。我们常习惯地问墨子是 agent（主体）还是 act（行为）功利主义者；但是我们不会问约翰·S.密尔是不是墨家。因此，这里有一种不对称的比较。因此，我试图做的就是清楚表达儒家传统中的这种"人"的概念，以此来阐述我所称的"视点—视域"的"人"的概念，或儒家角色伦理学。

它起源于这样一个事实：生活简单来说就是关联。我们所做的一切，身体的、社交的、文化的，都是相互作用、相互交换的。没有任何人、物、事是作为个体而独立存在的。我们活着，不只意味着我们皮肤下存在一个生命。如果你接受以上观点，你就同意了"关联"是人类经验的本质。有人问杜威："你为什么说'关联'是人类经验的本质，你的论据是什么？"他说："没有什么论据，本来就是如此。"如果你同意"关联"作为人类经验本质的根本性，那么我们作为人活着所具有的角色，如儿子、祖母、教师、店主等，简单地说就是约定俗成的众多联系。是什么"关联"构成着你的生活？我是一个女儿、一个学生、一位同学、一名教师等，你活着的角色已约定俗成，而且含有规范性力量。

当我们追问价值从哪里来、那些原则从何而来、那些"德行"从何而来，一种对它们的理解方式是柏拉图主义式的，它们是在天上写着的，它们是来自世界之外的东西并因我们的人性而遗赠于我们的；理解这些东西的另一种方式是，它们是抽象而来，是我们从日常经验总结得出的。做到公平，或者说做到正义，其实与为了对一个学生做出公平的评估而去关注什么才是必要的，是分不开的；这样这个学生可以通过他的勤奋、用功、聪明，去拥有其他学生没能有的机会。如果你对一些人说，对她要公正，那很有可能不是很清楚，不如向他们提出一些对待她的方法，不如说对她要像同学似的、像姐姐似的、像奶奶似的。这些我们活着的关系角色，是人类经验中最平常的东西，也是最不平常的东西。

奶奶爱孙子，它是平凡的、日常的；但它又是我们所做的最高尚的东西，是爱，即发现我们每人所拥有的对彼此的深深的情感。因此，儒家传统不是纯粹逻辑的，也不是寻求某种外在于人类经验之外的目标，而是建议我们回到日常经验，把日常经验作为我们的观念、生存和拥有的角色的依据。当我们询问什么是"善"的意思时，我们有很多好的饭菜、很多好的朋友、很多好的经验。"好"并不单指一个东西，而是非常复杂的，存在于人类经验的具体叙事之中的。

一方面，那种把什么东西都孤立起来看，把它当作人类经验前提条件的理念，也许并不是思考道德的最佳方式；另一方面，儒家传统必须从西方传统中了解的，如从柏拉图以及他的后继者们那里，是那种亲密性关系尽管听起来是解放性的，但对于实现我们所要达到的目标，其本身是不充分的。我们需要调控性理念，关系会产生腐败，因此，关系是人类经验的天然条件。但如何产生社会理智，让关系在我们想要的蒸蒸日上的家庭、群体中富有成效，富有意义，达到最佳，这时我们需要回到儒家传统，以来自不同时代的各种生活样式的（圣贤）榜样为参照。我们是动物，我们行走会留下印迹，我们把这个事实演变成书法，从而形成进行交流的各种方式。我们把我们是动物并制造各种杂音的事实演变成音乐，甚至某种高尚的东西；我们把我们是动物并在饲料槽里吃食的事实演变成高级烹饪术，如做成"鱼香茄子"。我们如何把我们人类繁衍这一事实，变成神秘的圣地、对长辈的尊敬、家庭的温暖，由此在家庭关系中构成我们自身。

儒学观念的"礼"，讲的都是，提升人类经验，歌颂平凡，让日常经验成为鼓舞人心的东西。这都来自对关系的关注。关系在我们周围随处可见，我们会很容易把它们想成无所谓的东西。我们会很容易忽视关系的重要性。我们生活在家庭之中，这些关系也四处扩散。儒学的"孝"，以及"德行""教育"都是人做之事，这些观念都是我们通过家庭环境教养出来的，并扩展到社区之中。这是儒家所做的贡献。

因此，一方面，儒家是传统的，在它自己的时代，根据它自己的思想，其对自身是持批判性态度的，应认识到导致腐败、导致性别歧视、导致社会不平等的那些弱点。儒家必须改善自己，为的是与时俱进。西方传统的贡献，必须是与更高层次的理念相关。我们刚听了田老师谈到"超绝主义"的概念，可能我们并不需要"超绝"论，但我们需要一种高层次的调控性结构秩序的观念，从而使得我们能跨越文化差异进行交流，并能保护我们的经验。

所以，儒家传统的贡献在于对文化思想的代代相传，在于对个人主义有另一种选择。我们正处于这样一个时代——个人主义已经变得有害，个人主义为富者更富、贫者更贫而辩护。儒家给我们提供了一种可供选择的宗教感，这种宗教感不是朝向什么超绝的、人间秩序由它而来的神；而是一个源自满怀热切期待的人类大众宗教感的概念，它朝向一种本质是以人为中心方向的精神性。

儒家有这样的思想：今天是好想法的东西，到了明天会变成坏想法，如果我们不适应情况改变的话。这是尊重变化的观念，是《易经》中的宇宙观。儒家是以家庭为中心的，并把家庭作为一种机制或切入点，让我们作为"个体"成为有道德能力的人。我们必须回到以家庭为中心的传统。因此，儒家能提供给我们很多，面对当下千变万化的文化秩序，中国的信仰将对世界产生重大影响。

文化学习中心如"国学院"在中国方兴未艾。国际上的响应则是雨后春笋般出现的孔子学院，在世界各国推广汉语和中国文化，这是它们的使命。正如美国有富布莱特项目，想让世界对美国人有更好的了解那样，中国也有孔子学院项目，想让世界对中国有更好的了解。这不是什么不同寻常的东西，相反很多资源已经投入进去。所以，在中国的政界与学界，似乎有一种信念：中国文化、儒家文化能够对世界做出贡献。问题是，世界将对这种资源、机遇做出什么反应？

正如我常讲的，我们不会说贝多芬音乐是德国人喜欢听的，贝多芬是属于世界的，贝多芬更宏大了，更深刻了，因为贝多芬是世界音乐了。我们正在时代的一个节点，儒家思想仍还是某种遥远的、奇异的、与我无关的东西。从西方关于文化资源的思维方式来讲，我们需要利用文化资源对世界做出我们需要的改变。所以，世界正进行一场运动，每个人都在做出自己的一份有限贡献。今年十月，一些中国最为著名的儒家学者，如陈来、张祥龙、田辰山等，将要来到夏威夷，与来自日本学界的东京大学、京都大学，与来自越南、韩国、欧美从事儒学研究的同行们一起，在夏威夷大学召开世界儒学文化研究联合会成立大会。其目标是证明这个世界应该以一种方式更好地理解这些国家所拥有的不同的儒学文化资源。中国不是日本，不是韩国，也不是越南，于我们所处的时代而言，这些特殊文化之间是存在很多张力的。但或许这些文化可以找到一种方法来回应那些问题，而不是从个人主义的视角谈论这些问题，以一种"零和"思维方式对待这种存在各种不同方面的局面。

所以，这样一个联合会不是简单的一次儒家可以被介绍到世界各地的机会，而是不同儒家文化形态聚在一起交流的机会，看看是否能够找到我们所需要的社会智能，来应对逐渐瓦解的政治境况及其导致的不同儒学文化之间的问题。

现在回到开始。我们正处在一个最坏的同时也是最好的时代，正面临严重的危机。我们需要尽我们所能，以全部人类资源来处理那些问题。我们有科学、有技术，但我们没有哲学意志来做出改变。这些资源在哪里？西方文化传统当然具有一定程度的重要性，但儒家传统中也有可用的资源。智慧要求我们的是对所有资源、所有人类文化都进行充分的利用。谢谢。

"一多不分"点滴

一位美国教授表示：安教授提出的角色伦理学，他把过程伦理学与中国哲学联系起来的思维，他的 focus-field 思想，他的理解中国传统的形而上学的思维方式，他的"一多不分"思想，他的关于中国理想的秩序是一种美学的秩序的思想，他对于中国哲学所表现出的超越性的思想，都引起了广泛的关注，引起了大家的热议。经过热议，中国哲学在当代得到了长足发展。

一位中国北京师范大学教授表示：从跨文化传播的角度看，安教授所做的工作是一个双向的介入，既在英语世界介绍中国的语言文化，也在中国介绍西方的研究成果，同时推进两个语言并行的研究，这应该说是比较学的方法论。第二个介入是非常广泛的多指向、多向度的对社会的介入，从而为社会现实提供了一个解释学的维度和力量，比如说在凤凰卫视做的关于社会秩序的讨论、关于角色伦理学的讨论等。安老师并不拒绝哲学与生活、社会、文化，甚至政治的紧密联系。另外，还有一个介入是纵向的、承先启后的学术流派的创立与传承。安老师不仅继承了远古的儒家思想，而且引入了英语世界的经典哲学思想，进行融会贯通并传承给了后辈学者。

我的体会：＿＿＿＿＿＿＿＿＿＿＿＿＿＿＿＿＿＿＿＿＿＿＿＿
＿＿＿＿＿＿＿＿＿＿＿＿＿＿＿＿＿＿＿＿＿＿＿＿＿＿＿＿＿＿
＿＿＿＿＿＿＿＿＿＿＿＿＿＿＿＿＿＿＿＿＿＿＿＿＿＿＿＿＿＿
＿＿＿＿＿＿＿＿＿＿＿＿＿＿＿＿＿＿＿＿＿＿＿＿＿＿＿＿＿＿
＿＿＿＿＿＿＿＿＿＿＿＿＿＿＿＿＿＿＿＿＿＿＿＿＿＿＿＿＿＿
＿＿＿＿＿＿＿＿＿＿＿＿＿＿＿＿＿＿＿＿＿＿＿＿＿＿＿＿＿＿
＿＿＿＿＿＿＿＿＿＿＿＿＿＿＿＿＿＿＿＿＿＿＿＿＿＿＿＿＿＿

第七节
《世纪大讲堂》实录（三）

我的责任和中国学者的不一样。儒学是全世界的资源，我的责任是把儒学介绍到西方去，让更多的人了解儒学，以扩大儒学的影响范围。就像贝多芬，他的音乐不只德国人喜欢，全世界的人都喜欢。所以，我要把儒学带到外国去。

——安乐哲

主持人：非常感谢安老师给我们带来的精彩演讲。同学们也有一些问题想和您进行交流。

同学1：您好，安乐哲教授，非常感谢您给我们做了一场富有启发性的讲座。我有一个非常简短，同时也许是非常简单的问题。当您讲到国际社会需要如何行动、如何思考才能有效应对21世纪的挑战时，我不禁想到欧盟在做的事情。我感觉民族国家是在试着放下它们的分歧，去创造一种局面，情况就是当我邻居变得好起来，我也会变得好起来。如果是这样，当我们看今天的亚洲时，不少国家之间的关系却很紧张。我的问题是：在当今时代，欧洲人是否比我们自己所想的更儒家，或者亚洲也许太西方了？当时代变得更加艰难，如果人们不理解未来所需要采取的行动，我们应该怎么做？又该如何对待那些变得更加"以自我为中心"的人？

安乐哲：谢谢，很好的问题。我认为中华传统的一大奇迹就是和而不同。这种理念就是不同族群的人能够团结在一起。想想：与北方人相比，南方人在身体、语言和文化方面都比较独特；而南方人和北方人有不同的体态和生活方式。

就这一点而言，我认为欧盟在做的是个表率。希望它能够克服诸如经济和政治的各种不同挑战。欧元确实能够更方便地帮助从意大利到德国的旅游者。我不认为这种情况只有一种样式……很简单，我们必须去学习儒学，去学更大、更深、更具世界性的东西。当儒学变为世界性文化，它将会有很大变化。况且儒学本身已经变得不同，当它传到韩国、日本、越南等国家，就已经变成不一样的东西，融入了其文化传统。当它成了西方文化的一部分，发挥出作用，也会是一种不同的儒学。

同学2：田老师，我想问您一个问题，就是现在有些西方国家喜欢评价中国，说我们没有自由、平等、人权，然后我们中国也落入了这套话语结构，甚至认为近代的落后是因为我们没有西方先进的制度，没有平等、自由这些东西。请问一下，作为一个有自己文化传统的国家，我们应该怎样面对现在西方对我们的一些评价，应该怎样提升我们国家对自己文化的自信？谢谢。

田辰山：从近现代以来，实际上我们中国受到了西方思想、西方概念的很大影响。包括一些非常流行的这些概念，自由啊、平等啊、民主啊这些东西。我为什么讲安老师的东西？它就是一个比较哲学，比较文化的东西。我们在理解这些概念的时候，必须理解这些概念，把它放到西方的文化传统当中去。它原本的意思是什么？我们把它原本的意思找到了之后，我们就会知道，我们今天理解的这些概念是不是有问题。在我看来，自由、民主、平等，我们不能把它理解为我们中文的这个"自由、平等、民主"。我们必须在自由、民主、平等前面加一个"个人主义"。所有的这些概念，都是在西方启蒙运动以后，在个人主义的基础上产生出来的。我们今天用比较哲学分析的这种东西，也就是西方主流的思想传统，它把人看成个体，它所讲的自由、民主、人权等，都是从把人看成个体这个意思出发的。我们中国文化传统、儒家思想传统，正如我们做比较哲学、比较文化时所分析的，是看重人与人之间的关系、万物之间的关系，是从关系上着眼、从关系上出发，以关系为本去考虑问题。所以这样一来，我们就不会有西方那种从单个的个人角度出发而产生的那些概念。所以对于那些概念，我们如果要用中文表面的意思去理解的话，我们会有积极的意义。我们会把它说成，人民的、社会的各个阶层的平等，各个阶层的民主；而不是从个人的角度，保证个人主义的民主制度，保证个人主义的人权。人权是每一个人的，是人都有民主，而不是个人的民主。从人与人之间关系出发产生出来的这些自由、民主、人权的意思，跟从把人看成个体出发产生出来的概念的意思是不一样的。如果我们这样对问题进行理解的话，就会知道对于我们今天所理解的这些概念、从西方来的概念，我们在理解上和追求上，出了什么问题。

安乐哲：我来加一句。为个人的自由，是无约束的，是我想干什么就干什么。但是，对于从身份角色、从构成关系而言的人来说，自由是一种充分享有一切机会的家庭参与、大家参与和社会参与。在这样的意识上，自由的概念已经是完全转变了，已经不是在分散的个人意义上了，而是在构成关系的人的意义上了。

同学3：安乐哲教授，您好！著名经济学家林毅夫提出是儒家阻碍了中国科技的发展。英国学者李约瑟也曾问道：为什么科学和工业革命没有出现在近代中国？我的问题是：如何理解儒学和科学的关系，儒学在解决当今中国和世界所面临的困境中能起到什么样的作用？

安乐哲：非常好的问题。我认为儒家在自身转变过程中，也需关注那些问题。我们没有希望我们所做的是让儒家担起解决一切问题的责任。当你将视角点集中到某一问题时，它也是一种权衡；当你把视角点放到直接关系的亲密性时，就会产生如何对待陌生人的问题。一种对儒家传统的批评是"家强则国弱"，是说儒家在建立不同公民社会时会有困难。著名社会学家金耀基曾有过这方面的考虑，罗素也有这样的认识。不过，我不认为那些构成儒家的价值观念，比如儒家伦理学、关注社会等观念，必定是对科学的抽象，我认为它其实是可以让我们把科学做得更好的。

田辰山：我想讲一点，因为我对这个问题，有过一些考虑。我觉得西方产生出来现代科技，它不是一个很简单的、单一的因素，它是一个包括思想传统、社会、历史、政治和经济的一套很复杂的东西。如果我们要单一地把它归结到，中国因为某件事没做，所以中国没有出现西方的科技这种东西，这个说法就太简单了。这个呢，被列为李约瑟的第一个难题。实际上李约瑟提出第一个难题，并不是说李约瑟本人对这个问题不能解决，需要大家来解决，实际上他在头脑当中已经解决了这个问题。他在回答这个问题时，给了十几点。他有专门一本书，我们可以看他讲得很清楚。他讲的就是，这个很复杂，就是地理、社会、政治、经济等各个方面造成了中国的这样一个状态。另外一点就是说，这个跟我们如何去看现代的思想启蒙运动有关系，西方之所以产生出科学技术，跟启蒙运动以后发生的西方的政治、经济、社会变革有很大的关系，也就是说科技背后有一个推动力量，即资本的力量。但恰恰在这种西方社会特殊条件下产生出来的私人资本的力量，在中国的现实社会当中，是不存在的，甚至没有发展起来。所以，中国没有产生出来所谓的这样一个西方的"现代"，这也是给我们提了另外一个问题：为什么西方产生了这样的一种特殊的科技革命？我们中国的科技在西方近代科技革命之前，在世界是领先的。按照李约瑟的讲法，中国的科技已经在世界领先了14个世纪。中国的科技在近代这个节骨眼上落后了，实际上恰恰是因为，推动西方科技革命的这个动力在中国是没有的。所以，我们就不能说儒家思想阻碍了科技。14个世纪以前，中国的科技都是走在世界前列，这同样是儒家的力量，所以那个说法就不成立了。

同学4：田老师，现在有些观点是，中国现在有很多不正之风，比如说腐败、拉关系走后门，这些都来源于儒家文化，或者说这些不好的社会现象的根源就是儒家文化，您怎么看？还有您刚才也说了，从关系出发的儒家文化，是不是会导致人们只讲关系，不讲原则，不讲法制呢？谢谢。

田辰山：我觉得这是一个非常好的问题。为什么非常好呢？因为我们现在出的问题太多了，把关系当成生产力了。但是我们一定要知道，如果我们把这个关系当成生产力说成儒家思想的来源，这个对儒家是非常不公平的，而且是一种很可怕的误读。我觉得儒家的思想讲关系，讲的是一种当然关系。什么叫当然关系？当然关系就是一种自然的、天然的、应该有的关系，比如说父母和儿女之间的关系是一种当然关系，而不是一种人造出来的关系。儒家是在这种合情合理的、应该的、当然的关系上，发展起来的这样一套中国式的哲学。这个哲学恰恰是反对我们今天所说的"把关系当成生产力"。这个腐败的东西不是我们今天才有，是历史上就有，我们传统当中历来就有，这是老问题，这个不能套在儒家的头上。我们不能搞错了，恰恰儒家给我们一个丰富的思想内涵，就是让我们通过它，来分析到底什么是真正的关系。是拿着关系当作一种手段，去推行自己的个人的东西，把关系从本来双向的关系、互相对待的关系，变成了单向的为了某一方利益的关系，这是一个根本的转变。我们今天不能因为出了一些社会上的腐败问题，很多腐败人物把关系当成自己做腐败事情的一种手段，就认为这是儒家的东西。我觉得这个太不公平，这样理解是很可怕的，把我们健康的思想压下去了。这是我的看法。

安乐哲：我来加一句。还有一种对这种腐败的理解方法，即义利之辨，它是儒家传统的一部分。我们所说的腐败，其实是源于个人主义的腐败，是与适当角色和关系所应构成的社会相反的。因此，它更是个人主义带来的问题，而不是从关系概念角度来理解人而发生的问题。

田辰山：儒家思想是哲学，让我们识别这种打着儒家的旗号去做跟儒家思想相悖的事情。儒家思想其实很丰富。

同学5：安老师你好，中国国家主席习近平先生，在中国人民对外友好协会成立60周年的时候，提出：中华文化崇尚和谐，中国文化源远流长。其中，他所提出的四观，就是天人合一的宇宙观、谐和万邦的国际观、和而不同的社会观，以及人心和善的道德观。那么我想请问安老师，您是如何评价习主席的这四观呢？谢谢。

安乐哲：这个问题很大。这种宇宙观、社会观……也许还是你来回答这个问题吧。

田辰山：我觉得我们国家领导说出来的话，儒家的思想越来越多，越来越充分了。习总书记讲的这四观，实际上我们如果用比较哲学来讲，哪一观都离不开人与人之间的和谐关系，人与人之间自然的、合理的、天然的关系。所以我说他讲的先是个人道德观，然后是群体社会观、国家国际观，跟社会和而不同，最后是天人合一的自然观。哪一"观"讲的不是人与人、人与万物之间不可分割的关系啊！我们在个人层次、在社会层次、在国与国的层次、在人与自然的层次，都要维护这种关系，不要把这种关系变成单线的关系，而要当成互相的关系。我觉得这些内容非常充分地体现在习近平总书记所讲的四观里，我觉得他讲得很全面。

"一多不分"点滴

　　一位中国教授认为：安乐哲老师所建立的一套独特的话语体系，既立足于对中国文化的精深了解，又符合西方人的思维方式、生活经验和表达习惯；既能让中国人认可，也能使西方人理解或接受。这对中国人如何认识自己的哲学思想有着特殊的参照价值，也对中国人怎样对外国人讲述自己的传统文化有着重要的启发意义。

　　一位美国学者感言：我们发现有些英语概念被强加在中国思想之上。我们遇到的概念深深根植于它们的本源之处，为了理解它们，我们必须花气力深入它们的语境，看看它的哲学话语和历史状况。我们所发现的绝不是小问题，而是思想的交流陷入僵局，需要改变对话方式。话语越是互不相让，我们就越是变得容易动感情。

　　我的体会：_____

_____

_____

_____

_____

_____

第二部分

安乐哲著述节选

说 明

第一、四、五、六、七节，节选自安乐哲著作

《儒家角色伦理学》中文版

山东人民出版社 2017 年 3 月第 1 版

第二、三节，节选自杨朝明主编

《孔子文化奖学术精粹丛书——安乐哲卷》

华夏出版社 2015 年 10 月第 1 版

第八节，节选自安乐哲著作

《自我的圆成：中西互镜下的古典儒学与道家》中文版

河北人民出版社 2006 年 7 月第 1 版

第一节
历史的儒学及其现代命运

> 这个时代需要现代的儒学，批判性的儒学，开放的儒学。我认为，当代人看待儒学就像是看到祖父的照片，衣服不同，长相不同，但总能在他脸上看到一种延伸；它不是已经死亡的体系，就像贝多芬音乐在各国都很受欢迎一样，儒学也应当如此。
>
> ——安乐哲

孔夫子是哲学家、教育家。"Confucius"是"孔夫子"（Kongfuzi）的拉丁化；之后"Confucianism"变为英语中以他名字（非原中文）表达的中国（儒家）思想传统。

孔夫子是 2500 多年前的一个真实历史人物，他是一份厚重精神智慧遗产的集大成者。这份遗产代代相传，形成整个中华文化的基本特征。孔子形象历来具有思想深刻的一面，在他学生对他的记忆中，充满许多亲切瞬间，呈现于《论语》主要章节中。这些记忆渗透了孔夫子的文化价值和意义。不过，孔夫子对自己的评价是，他所传授给人们的是来自历史，是"述而不作"。

可能出于这样的一个原因，在中文里，中国思想传统不是由"孔夫子"这一称呼表述的，没有像英文"Confucianism"那种含义，而是由一个古代知识分子阶层名义"儒"做表述。在数百年中，这个文人阶层为文化传统持久延续地奉献"革故鼎新"的儒家学问。这样一份与孔夫子本人学问一脉相承的遗产，被称为"儒学"。儒学是中华文化始终得以不断融合积蓄的一个开放性核心，为中华传统倾注盎然活力，使之为紧密凝聚的一体。应该说，"儒学"是八十多代自强不息中华学人的传承、评注、再诠释、再确认过程的产物，跨越千年历史；"儒学"不断被注入新鲜血液般的伟大智慧元素，生生不息、绵延不绝。

当今处于二十一世纪，正值儒学的价值力量作为前所未有地被呼唤的文化力，走向世界舞台的关键时刻；对于我们而言，对儒学最为恰当的"欣赏"（appreciating）态度，是参与到这个滚滚向前的洪流中来。我们正处于一个大转折时期，可以说在很大意义上，正值一个新世界文化秩序方兴未艾的时刻；儒学所提供的哲学财富，不仅是中华文化焕发活力、走向复兴的资源，而且也是更广大世界性的文化利益资源。所以，到绵延不绝的儒家传统中去，发掘可促成与其他文化进行建设性对话的元素，加深认识，进行阐释，将其付诸实践，我们会发现，儒家哲学在今天可能成为充实我们思想与生活方式的重要资源。而且，同其他文化会通，将是"儒学"获得更进一步内外提升的体现，提供有利于其本身创造性成长与创新的机遇。

儒学自身发展的内外提升，不是今天才会发生的事情。早在公元前三百多年，儒学传统内部就发生过重大的历史性演变。所吸收的思想资源，恰是那些曾对儒学最具竞争力的思想流派；这种做法变为一种有计划、从根本上很成功的谋略，是这种做法加强、促进了以海纳百川为特点的传统的不断发展。

儒学的提升创新包括吸收外来思想文化。中国历史上发生过两波"西学"风潮对儒学海岸的冲击，遗留下一个个西学潮洼和文化交错区，这些地带表现出活跃的实验性人文现象。第一波"西学潮"为东汉时期（公元25—220年）来自南亚佛教思想的挑战，它使中国文化发生很大程度的重塑。

第二波"西学潮"始于十六世纪末。以利玛窦为代表，耶稣会会士向中国传播欧洲古典学术与科学。一个半世纪后，又有新教教会传教士传播广义人文学与科学。接着，又是一批中国学者，如严复致力于进化论的翻译，目的是通过对西方科学、民主的诉求，达到中华文化的自由化。第二波"西学"浪潮继续于二十、二十一世纪冲击中国海滩。今日中国之学界尚未摆脱与第二波"西学"相伴随的西方分类学和各类理论模式的影响。二十世纪涌现了一批中国哲学家，八十年代后，这批学者被称为"新儒家"（New Confucianism），但是，即使不是全部也是大部分，这些人从事中西比较，都是有明显意图地将传统中国思想与纯属从西方舶来的系统哲学加以混杂。例如，熊十力就曾试图用整合佛教瑜伽行派、西方及中国思想，使儒学焕发活力；牟宗三则是对康德进行综合与批评性运用；唐君毅富有想象力地运用黑格尔和怀特海的理论；方东美选择创新地大体吸纳西方哲学史。这种状况后来一直继续着。毋庸置疑，由于继续对西学元素进行混杂，儒学在体系上变得比以往任何时候都令人生畏。不过另一方面，对此种情况的有道理批评是，一些新儒家模仿抽象西方哲学理论，对儒家思想进行的反复系统化、书斋化，理论化，必然在很大程度上使儒学失去根底，漂泊于人们的实际生活之外。

　　我想阐明的观点是，儒家思想价值对世界哲学文化传统的不同层面本能产生的影响，已姗姗来迟。不过，正如旭日东升，它正在地平线喷薄而现；儒学思想与其他思想文化创造性的融合局面，必将伴随着作为当代一支强大经济与政治力量的中国的崛起。随着儒家文化价值在当今时代的广泛传播，它成为一种全球性文化元素，不光是与它相遇的其他文化会出现改变、受到挑战、变得更加丰厚，儒家思想本身也会在这一过程中流变不已。

"一多不分"点滴

　　一位西方著名哲学家指出：自从利玛窦在 16 世纪 90 年代从事儒学研究起，人们就开始问儒学是否符合基督教伦理学、康德伦理学、功利主义伦理学——过去的比较哲学提的就是这样的问题，即以亚里士多德的道德为准看待儒学。但是今天要讲"角色伦理学"，它是要将儒学与西方各种思想相比较的伦理学，是具有更大哲学价值的，而非认为西方伦理学更胜一筹。他强调：儒学的角色伦理学将在 21 世纪对全球起到重大作用，并对哲学全球化的未来做出积极贡献。

　　一位美籍华人教授说：安乐哲教授是国际公认的比较哲学的杰出领袖人物。安乐哲提出中国是"一多不分"文化语义阐释语境，他用"人与人"哲学思维，将被误读的中国传统从利玛窦的"神与人"西方特设哲学框架中解放出来，带领人们重归"原汁原味"的中国经典。安乐哲教授发现了世界哲学新维度，让儒学再次走向世界，进入新时代的世界新启蒙。

我的体会：_____

_____

_____

_____

_____

_____

_____

第二节
做负责任的文化比较

西方了解东方时总是用自己的结构和术语，造成对中国文化观念的误读和扭曲。例如，把"天"译为"Heaven"，等于把中华文化塞入"上帝"的体系；"义"变成"righteousness"，"道"变成"the Way"，"礼"变成"ritual"，"孝"变成"filial piety"，"仁"变成"benevolence"，"理"变成"principle"，都属于这种强加。强加造成的事实是中华文化不是自己叙述自己，而是在西方话语的叙事结构中遭到肢解。中华文化被拖出自己所存在的范畴，并被塞入另一种范畴的结构和逻辑之中。被强加上西方这种范畴逻辑和框架之后，中华文化被阐释为低人一等的、需要被纠正的、专制的、神秘的、落后的、非自然的、集体的（贬义性的）、异教的。

——安乐哲

我们是哲学家，不要把自己混同于汉学家，因为我们承认中国传统思想的核心是哲学。如果谈到文字、版本等问题，应该承认汉学家们具有权威性，但是一谈到形而上学实在论（metaphysical realism）或超越（transcendence）等问题，他们就完全不明白，他们根本不知道柏拉图与怀特海有什么区别。其实，汉学家们在字词的翻译上也有不少问题，例如他们将"天"译作"Heaven"，这往往引起西方读者的误解；又如将"义"译作"righteousness"，那是《圣经》中的用语，其本义是"按照上帝的意志行动"（obey the will of God），常人一辈子也不会用这个词。所以，我将"义"译作"appropriateness"，也就是"适宜"的意思，"义者宜也"。

一、"归纳概括"在比较文化研究中的必要性

一些汉学家认为，我们不可把中国历史和文化弄在一起搞归纳概括。金鹏程（Paul Goldin）说：如果有一种对中国有效的归纳概括的话，那就是中国是概括归纳不了的。中华文明干脆就是太大、太复杂、太古老了，根本就没有什么能对它施以归纳概括的确凿基准。

诠释工作应有的自我意识，是不要去有意地扭曲中国哲学传统和它的过程宇宙观，而是要恪守它的基本前提。正如每一代人都对早期思想家选择继承，重新按照他自己需要的样子，塑造他们；每一代人也是按照自己需要，对世界哲学经典进行重新建构。我们也一样，都是逃不脱具体时间、空间的人。

过去一百多年间，一些优秀的中华文化诠释者一直在为给阅读中国经典建构一个阐释视域而进行坚持不懈的努力。建立这个阐释视域的第一步，是澄清那些

文化预设推定思想，我们常把这些预设想法带到对中国经典的阅读中去；然后是阐明那些不同寻常的中国宇宙观思想，讲述它们如何构成与西方哲学叙事的反差特点与不同。最近一些年，一些严肃的学术文章发表出来，提出：人们致力于寻找永远的不完美，但往往又是对同一些人的一般判断加以论证，这有什么价值？

普鸣以一流中国文化诠释者为一组，说他们属于"进化论类型"，其中包括马克斯·韦伯 (Max Weber)、冯友兰、卡尔·雅斯贝尔斯（Karl Jaspers）以及现在的罗哲海（Heiner Roetz）。根据普鸣的看法，这些学者的共同特点是将一种理性视作"黄金标准"，然后对照着它，来衡量中国文化的发展程度。最后这些诠释者分成两派：一派声称中国的文化发展也显示出其经过了从原始理性到理性的阶段转变；另一派则对这种说法表示怀疑。普鸣认为，雅斯贝尔斯是这个进化论组中影响最大的代表人物，因为他提出，"超越"理念的出现创造出一个意识的普遍形式。在《历史之起源与目标》（*The Origins and Goal of History*）一书中，他论述了"轴心时代"（公元前 800—前 200 年），提出在"轴心时代"人类才第一次体会了"自我深处的绝对性与超越的理性"。一些哲学家拥护这一文化见解。他们声称，不同传统之间是有一个普遍意识出现的，构成它们独特性的不是各自生成的思想。确实，雅斯贝尔斯认为，无论历史"源起"还是历史"目的"全是由先验决定的。令人奇怪的是，雅氏的这一论点，在什么意义上能算是具有"进化"意义的论点？"进化"指的是开放、绵延不断与偶然性的演变过程，其中贯穿着基因漂流、新生物的自发呈现，创生不可预料性的混合形体。而雅斯贝尔斯论述的不是这个，而是一种普遍性历史观教义；讲的是通过一种必然不可避免的趋同程序，一个意识的普遍形式升起。这才是我们所熟悉的目的论必然性，驱动历史意念化。其实，要是我，我会把这些理性主义者的概想称为一种"文化本质主义"。

如果想理解中国的整体性宇宙观，不能忘掉的是那种非同一般的、永远变化着的思维方式。另外，这组人还主张，这个生生不息的中国宇宙观展示的世界是自然主义的、自动生成的、自我赋义的，而不是必须依赖一种外在形而上学原则作为它单向的秩序源头。

二、比较文化研究离不开"类比法"

抛弃"我们思维都是差不多的"这种想法（作为开始正面地对待儒学的第一步），是一种尽量努力，做到"以这一传统自己的视角对待该传统"，是想办法给它一个恰当阐述，叙述它自己是如何演变的。但是，文化简化主义是长期向西方学术界引进儒学的障碍，那么我们怎样才能解决这个问题？如果说，跨文化解读确实是如所定义的那样是"合作性的"（collaborative）、"共生性的"（symbiotic）、"演变性的"（transformative），那么怎样做才算是"按照儒学自己的视角对待儒学传统"呢？

亚历山大·蒲柏（Alexander Pope）在《论人》一书中问道："如不从我们所知出发，如何推理？"把这个问题引入现在的讨论中来，我们可能会同意：我们只能通过"我们到底知道什么"来知道什么是我们不知道的。这就意味着，跨文化理解必须从类比开始，每一个传统必须在它自己的文化资源中找到一套词汇，这套词汇能使这一传统重申（用总有点不完美的方式），什么是该传统的哲学和文化资源，这也使它更好地理解自己。我们不能对其他文化采取直接拿来主义，而是必须类比地对待。

三、注重文化差异的重要性

科技对世界之无法抵挡的渗透，加上资本主义经济形式的无情入侵，加剧了其他文化在西方文化一统天下的主张面前日益丧失底盘的危险。在西方学术界，连对这些文化差异是否存在也似乎没有一致看法，根本不在意这些文化差异是否有什么真正的重要性。

除了需要比较准确地叙述中国与西方之间的种种差异之外，非常基本的一点是，要对这些差异的潜在实用主义益处做出分析。中国文化有其鲜明的典章制度与社会组织模式。我们西方人会沾沾自喜地觉得，是我们发现了通往文化的唯一之路。但是，光是中国文化的存在就对这一信条提出了挑战。认识到这一点，可以让我们避免因自鸣得意而产生的过长时间的文化停滞状况。

四、宇宙观、历史叙述差别

针对宇宙变化的进行过程，我们必须认识到任何事物和它与周围不断变化的环境之间的关系是不可分割的。这种"事件"（而不是物质）本体论导致了过程及变化相对于形式和状态的重要性。这一强调过程的宇宙观将人类的生命旅程置于一种不断兴起的、充满各种可能的宇宙秩序中来理解；其中，形式本身就意味着生命的节奏或者韵律。显然，这一充满活力的强调过程的宇宙观同古希腊本体论和形而上学传统形成了鲜明对照，后者以先验的、不变的第一原理产生宇宙秩序作为其立论的依据。

这一事实使人们有必要具备某种认识，即一些在西方文化中占支配地位的理论可能与中国人的意识现实是不相干的。特别是，西方的中国解说者们应当尽力避免把建立在狭隘基础之上的种种经济或政治教义强加于人。这类教义外面罩着一件推动中国现代化的外衣。

"一多不分"点滴

一位中国学员说：我们深刻地意识到中国与西方差异性的根源。不同的思维方式与不同的话语体系、中英文词语的不对等性造成了彼此的误读。由于二者带有不同的文化背景、思维结构，只有在对差异性的关注下，通过中国解说中国，通过西方理解西方，有效的沟通才会产生。

一位西班牙学者说：按安乐哲的语言方法论来说，西方获得对中国思想恰当理解的最重要起步，是将概念名词理解为动名词。名词转变到动名词，名词常常表现为西方哲学的抽象，而动名词则是一种将注意力集中到中国传统思想的汉语结构（儒家、道家都是如此），强调表述的是过程哲学。这就是安乐哲指出的，一种汉语特有的含蓄域境化阐释。对中国思想文化心怀欣赏的学者如果要让中华文化处于适宜的情势语境，用中国自己的话来叙述它，就必须开发一套适用于现代的、全球性的语汇来表述中华文化的观念。

我的体会：_____

_____

_____

_____

_____

_____

_____

第三节

扫清通向中国之路的障碍

西方一开始就把中国哲学理解为犹太—基督传教士刻意解释的那样,用西方人熟悉的西方宗教思想的话语去解释中国哲学。今天还使用着这套话语,事实上是欧洲话语的'自我殖民化',其中掺杂着种族主义······继续用这个话语,是学术的不负责任,针对这种现象必须做比较哲学的研究······只有用中国自己话语才能理解中国思想,用西方话语去理解是弄不懂中国的。

——安乐哲

一、中国文化缘起与西方没什么关系

在中国，很难找到像亚里士多德的神或柏拉图的形式等绝对超越的存在物，又或者像充足理由律这样纯粹、超越的原理——就像在中国很难看到对自主、爱思索、主观的个人的颂扬一样，然而这种人在西方却是文化发展中的重要人物。实际上，文化哲学家很可能会发现，不只是"绝对""超越"和"主观性"这些观念，其他一些对西方知识传统的发展十分重要的概念，大体上讲，也与中国文化的缘起和发展没什么关联。

从一个非常重要的意义上说，在中西文化发展的几个紧要关头，中西文化似乎走上了不同的道路。其结果是，西方文化的问题框架和中国文化的问题框架有很大不同。也就是说，中国和西方对于艺术、政治、宗教、科学和道德的感悟方式，以及通过历史体现出来的年代学的意识都是不同的。这就使得用一种文化的语言来翻译另一种文化的问题和含义的任务变得极具挑战性。

总之，我们尽力扫清通往中国的道路，在这条路上，应当鼓励双向来往。

二、通向理解中国之路的十二道障碍

西方人理解中国哲学和文化有一个极大的障碍，那就是我们心底有个从未挑明的假设：中国文化与西方传统是相似的，所以我们能用衍生自西方传统的阐释范畴来理解中国文化的轮廓特征。这一假设常常貌似合理，因为每当套用这些范畴概念，我们就恍然大悟，发现中国文化的含义与西方传统令人惊异地一致。但这只不过是因为，运用自己最熟悉的阐释概念只能彰显异国文化的某些内容，却埋没了另一部分内容。而被埋没的部分对我们来说才是更具有异国特质的含义。

任何把西方话语生搬硬套到中国文化的做法，不论是有意还是无意的，都必然导致对中国文化的曲解。比这种文化还原主义 (cultural reductionism) 更有价值的方法，就是把一组模糊化的中国范畴引入现有的西方阐释语汇。如果我们能够清晰地理解到，这些中国范畴所具有的模糊性不是"含混不清""不合逻辑"，而应该等同于"相当复杂"（richly complex），那我们就不必对它们进行严格定义，而能够以更有价值的方式来运用它们。如果这样做能够成功，那么在寻找一种内部视角来审视中国经验方面，我们的努力就前进了一大步。

1. 第一障碍：宇宙进化推论

宇宙进化推论是西方文化自我阐述过程的一个根本元素。"理性"概念的中心组成部分是基于起源神话，而起源神话正是古希腊和希伯来传统所推崇的。

2. 第二障碍：偏好、静止与永恒

中国传统中不存在这三种发展的对应物。中国人以动态的言语解释"性"（nature）。这种理解偏好过程而非实体。类似"心"这样的术语表达的是心情、心智，这也表明中国文化不存在灵肉的二元论。这意味着唯心论实际上并不存在。在有固定意义的概念上，强调隐喻性的和意象的语言，这样做又凸显了事物静态的、恒定的意义。最后，中国并没有出现一位巴门尼德来制定存在、非存在和变易的辩证法。

儒家思想坚持维护人类中心论。道家虽说并非人类中心论者，但也力图避免任何客观真理的观念，因为客观真理等于预先假定了"上帝之眼"。他们发现，世界上各种各样的事物都提供了构造"万物"的视角。在西方，社会和谐是人们依靠从辩证地实现的差别中抽象出来普遍原则来实现的，而在中国，这一目标却是通过拒绝辩证的论争、赞同对不同观点进行"审美的"调和而最终实现的。

对中国人来讲，历史并不是由神学或哲学预先设定的故事展开的。历史的运动是内在的，可以通过个人相对的成功或失败来加以说明，以此在特定环境下达到最大的成功。

我们必须承认，那些通过松散的结合确立起西方传统的理性精神的线索，只是历史的偶然产物。如果我们认定存在一个由超越于世界的法则和原理形成的单一秩序的世界，或者先入为主地相信，那些为我们提供语义语境，并使我们的语词在其中获得其所规定的意义的理论母体，也同样与译读和解释中国人的感悟方式相关，又或者认为我们对艺术、科学、宗教以及其他文化旨趣的组织同样可以在古代中国的文化中找到映像，从而通过它们来解释中国文化的各种要素，那么我们必定是无法理解这种截然不同的中国文化的。

…………

11. 第十一障碍：西方文化感悟方式

完成了辨识"我们思想通道上无用的堵塞物"的任务后，我们应该能对中国人的感悟方式获得一种全新的理解。

我们别无选择，只能从可支配的、最富成果的诠释范畴入手，但我们必须意识到，我们是从自身传统出发探讨问题的。直接诠释中国古典思想时，我们必须尽量调整这些范畴，使之更好地适应中国语境。作为实用主义者，我们能够乐观看待"永远无法达到目标"这一事实。我们的任务肯定算不上宏伟，但自信是更为适宜的，即要以最负责的态度"坚持不懈地做下去"。

…………

三、关于路障的几点结论和启示

1. 中国古典哲学中人、社会、政治、自然的内在联系

中国古典哲学的假设是：个人的、社会的、政治的和自然的秩序是内在的、一致的，也是互相支撑的。因此，如果我们理解人类经验的任何一方面秩序，我们就可以熟知其他领域的经验。把一个细目定为焦点也就暗示着它以这样的一种秩序方式内在于那个语境中：形成作为领域的整个语境，同时，也被这个语境所塑造。"焦点 / 场域"模型观点的形成，是因为我们理解了焦点与世界的关系是通过语境化的行为构成的，所以，"焦点 / 场域"的概念和语境化行为在强调这

个意义上的秩序的基本特征时很有用。

首先，正如我们所说，语境化行为表明了"此—彼"模式，而不是"一—多"模式，它是指由于缺少关于"多后面的一"或者存在物背后的存在的形而上学假设，秩序产生于多个"此"和多个"彼"的协调运转中。语境化的行为涉及欣赏构成世界万物的和谐关联。

我们相信，反思可以说服人们相信：尽管汉朝的综合法很清楚地解释了秩序的"焦点／场域"概念，但是，这个概念绝非汉代所特有。确切地说，儒家关于礼仪构成家庭和社会的学说中所提到的秩序才是中国文化的核心。基本的礼和伦被传统定义为核心，它不仅要求个人化和参与性，而且反映了参与者的素质和独特性。实际上，在传统的语言中，由礼数约束的社会本身的含义由于这样的形象而显得刻板：一群恭敬的人围绕着处在社会中心的神圣轴心。西岛贞夫告诉我们：这样以小村庄为基础的社会生活，在供奉地方神灵的祭坛（社）中有它自己的宗教中心。同样，国家作为一个社会单位，也有祭坛，每个国家和地区都有自己的祭坛。在里社举行宗教节日，把肉分发给每个参与者，这样的节日有助于强化共同体的精神。

上边我们用类比法讲述了中国古典世界秩序观，但是，我们必须承认这个类比法表明了由礼和伦约束构成的家庭模型在政治层面上的意思。作为各种关系的联结，家庭是分等级的，是向心的和谐概念的基本变位。社会学家阿姆布鲁斯·金有说服力地论证道，在中国人的世界里，所有的关系都是家庭式的：五常中有三个属于亲缘关系。剩下的两个关系尽管不是家庭关系，但也可以按照家庭的概念来理解。统治者和被统治者的关系也可以按照父与子的关系来理解，朋友之间的关系可以以兄和弟的关系来表述。

家庭，作为"自己人的团体"，是预定的，有中心性的，但是，随着历时性宗族世系方向的延伸和共时性质所形成的叔舅姑姨社会的发展，它变得越来越模糊。按角色的伦来表达，一种振荡沦于话语领域之中的社会关系礼仪之伦，由此将任何一个人都规定为一个人际之网、种种自我之区域。

金对家庭秩序的这种模型的批判非常有洞见。他观察到：这里所强调的是，儒家伦理学教导个人如何通过正确的伦与其他个别角色联系，而个人如何与群体相联系的问题却没有被仔细地考察。换句话说，个人的行为被认为是指向伦的；但是，有伦指向的角色关系被看作个人的、具体的、特别的。

金坚持认为，儒家所认为的个人、社会、政治和自然秩序模型构建在具体的、特殊的和有差别的自我与他人的关系中。虽然这一观点切中要害，但是这个地区秩序充斥着社区意识。传统上，人们不愿意将理论与经验分离，这要求个人对自己的定义必须具体和直接，就像有等差的爱一样。

但是，金认为一个人社会意识的模糊妨碍了一种更广阔的公民伦理发展的可能性，这个想法也许走得有点偏。他说：儒家所倡导的社会伦理不能提供给个人和社群即这个非家庭群体一个有效的关联。儒家问题框架的根本在于自我和群体间的界线还没有得到概念化的阐释。

因为金不能看出这种关联，所以他和伯特兰·罗素的观点一致，都对中国人的世界中家庭关系的重要性持保留的态度：孝道和一般性的家庭力量可能是儒家伦理学中最薄弱的一点，也正是在这一点上体系问题严重脱离常识。家庭感情对公共意识有不良的影响……就这点来说，正如在其他某些方面，中国所特有的就是在达到较高程度的文明后仍保留古老的习俗。

金和罗素忽视了更普遍联结的模糊性是一个优点而不是缺点，因为特殊的父亲、社会楷模、统治者和历史上的模范在群体或领域的具体化中会使它成为焦点，把它变得有直接性，尽管作为延伸了的群体或领域，家庭、社会、国家，甚至传统自身，作为群体或领域，还都是模棱两可的。

群体的意义体现为父亲、老师等。作为焦点和对角色模糊场域的表达，每个伦都是全息式的，因为它勾勒出自己的领域。尽管向心力中心的具体性和直接性被"中国性"的模糊意识所语境化，但是这个概念在曾国藩和康有为的形象概念中又活生生地呈现在我们每个人的脑海中。整体自身只不过是全部的特殊焦点，每一个都要给自己和自己的独特场域定义。

儒家所直接倡导的人类世界中，这些构成体现在复杂的个人、家庭和共同体的概念中；在这些构成中，社会语法总是由个人化的礼仪实践和社会角色构成的。

如此定义一种秩序的内在性和独特性，以至于孔子不用诉诸超自然原则就能从"下学而上达"的角度描述学习的过程。孔子的观念从传统上已经说明个人、家庭、社会、政治和自然秩序是联结的、相互支撑的，而且，从个人的角度来说，也是在一个人自我修养和表达的过程中出现的。对于任何一个人，秩序始于此，延伸于彼。

2. 中国古典文化互系性的思维

否认因果思维在中国古典文化中的重要性并不是说中国的学者完全没有这样的思维，也不是说中国人不像西方人那么顺从野蛮环境下因果关系的残酷性。同时，中国人用关联式思维构建他们世界秩序的重要性不能被低估。我们的论点是，与中西情感对比相关联，我们能够假设有两种不同的思维模式——美学的和逻辑的或者说关联的和因果的——在一个给定的语境中强调一种模式必然导致在该语境中对另一个模式的削弱。中国古典哲学家中曾经尝试因果思维的学派，如墨家和法家，只有微弱的影响，这一点就证明关联思维模式在中国占据优势地位。

根据中国的世界观，秩序不是外部强加的，而是与生俱来地存在于存在的过程中，就如这树干的年轮，这块特殊石头的纹理，星期日早晨凯卢阿海湾的韵律，罗伯特·内维尔家族中的成员和亲属，等等。"因果"不是外在的，"引发者"和"被引发者"归根到底是没有区别的。

我们还应探究另一个中西比较研究的核心主题："真理"的问题。中国思想家相对来说很少关注西方传统中所定义的真理语言学理论，这一点直接证明了关联思维无处不在。因为语义学真理理论涉及论证的分析、辩证和严格类推的方法，所以传统中国忽略严格意义上关于对与错的思索，这是不要求有理性客观性的关联思维的结果。

传统上缺少严格的超自然性对中国的宗教和社会政治经验有深刻的影响。西方宗教生活的所有词汇——上帝、创世、原罪、恩典、永恒、灵魂等——不适合描述中国宗教核心的无神论精神。

"一多不分"点滴

一位中国学者说："讲故事"不是说教，也不是低人一等的逢迎；讲故事前，我们需要照镜子，把西方当作镜子，通过认清他们的本来面目，反观我们自己。中国人应当重拾自己的话语体系，减少西方话语体系对中国思想力的束缚。

一位中国学者说："一多不分"和"一多二元"这种中西哲学的根本差异，决定了不能简单以西方文化的价值标准来评价、衡量中国文化，也揭示了对外文化传播中出现附会式话语并导致严重误读的问题根源。西方文化的"一多二元"，往往倾向于强调二元对立，强调自己和他人的区别和利益差异；中国文化的"一多不分"，则倾向于强调以和为贵、和而不同，在尊重个体差异和多样性的基础上，追求和谐相处、美美与共。

我的体会：＿＿＿＿＿＿＿＿＿＿＿＿＿＿＿＿＿＿＿＿＿＿＿＿＿

＿＿＿＿＿＿＿＿＿＿＿＿＿＿＿＿＿＿＿＿＿＿＿＿＿＿＿＿＿＿＿

＿＿＿＿＿＿＿＿＿＿＿＿＿＿＿＿＿＿＿＿＿＿＿＿＿＿＿＿＿＿＿

＿＿＿＿＿＿＿＿＿＿＿＿＿＿＿＿＿＿＿＿＿＿＿＿＿＿＿＿＿＿＿

＿＿＿＿＿＿＿＿＿＿＿＿＿＿＿＿＿＿＿＿＿＿＿＿＿＿＿＿＿＿＿

＿＿＿＿＿＿＿＿＿＿＿＿＿＿＿＿＿＿＿＿＿＿＿＿＿＿＿＿＿＿＿

＿＿＿＿＿＿＿＿＿＿＿＿＿＿＿＿＿＿＿＿＿＿＿＿＿＿＿＿＿＿＿

第四节

中国的宇宙观：儒学的诠释域境

在孔子看来，谏对孝不是可有可无，而
是不可分割的整体。谏是一种值得尊敬和践
行的义务，会让家庭和国家正常运转。

——安乐哲

　　在中华文化雏形阶段，互系性思维的特质及其活力是怎样的？它是如何既通过自然也通过人世去解释事物的呢？我们可能要问，在早期中国人的生活世界，是什么在驱动这种互系性思维的"重组与再塑"，使得它从特殊类型知识中心扩散出去，成为对许多中国人一般活动范畴进行叙述的词汇（如医疗、书画、园林建筑、诗词歌赋、占卜、战略兵法、厨艺烹调、礼仪、风水等）的呢？

　　我们不妨先了解一下一种对"常识"的整体性叙事讲述，而不是对它采用"分析"法的理解，以此开始讨论早期中国宇宙观的过程意识。就是说，我们可把儒学历史性地认同为中国的总处于演变之中却一以贯之的文化核心（或曰"道统"），然后扩展且不同程度地将它认同为韩国、日本和越南所接纳的中华文化的重要特征。有意思的是，这样被人理解为具有强渗透力、经久不衰意义的儒学，在孔子这一历史人物出现之前就已形成。不过后来孔子也基本是如此理解的，仅声称自己是文化传承者，而非创新者——他的哲学精髓是自周代乃至之前继承的遗产：述而不作，信而好古，窃比于我老彭。

　　历史给予我们对孔子的记忆，是对中华文化叙事标志特征的"变通"思想特别精通的榜样。他忠实于中华传统的核心经典，实现对一以贯之的文化"常识"的有效传承，同时对这套特殊哲学词汇的发展做出了自己的贡献，成为一个涌现新思想的源泉。我们很是有感于他谦逊地给自己一个文化传承者角色，但是我们仍有充分的理由说，孔子是传承者，但也是开创者。在总体效果上，孔子对自己继承公元前一千多年以前的文化传统，是有明显意识的：周鉴于二代，郁郁乎文哉！吾从周。

　　与此同时，似乎是孔子倡导、重新定义并在内涵上深化"仁""君子""义""礼"等的关键观念，使它们成为规范化哲学术语。另外，也是孔子本人提倡个人修养，将其作为儒家的标志性行为，使其成为以儒家伦理学及以孝为核心的成仁理念的基础。《论语》不仅提供传统的根本词汇，也提供个人修养楷模的叙事；个人修养是儒家人生观的核心，是《大学》的论述。

互系性思维方式可让人们对这个千变万化的世界有深刻的认识与参与意识。互系性思维至少可追溯至商代，是一种主流思维模式；它通过生态性的二元联系、鼎新比喻、喻义意象、启发性图案的扩散与聚集，展示既复杂也具阐释性的力量；生态性二元联系的各种形式，都在平常经验中获得重视、考量与检验。这是孔子所继承的一脉相承思想方法，又获得他和弟子们的进一步阐发，在后来传统中继续承传，它是我们所说的"儒学"的成仁人生道路的基石。我们可以小心翼翼地将这样一个宏大的阐释视域称为一种"互系性宇宙观"或者"'气'的宇宙观"；同时要认识到这样一种情况，即席文、戴梅可等学者所做的研究——"气"观念在整个历史早期阶段经过的演化、变化——是令人信服的。

伏羲、神农所实践的是一种"域境化"做法，即有效地将人类经验与自然运行过程视作同一域境，且使其相合，努力将宇宙的可用创造性潜能利用到最好程度——伏羲、神农在对《易经》一套深邃卦象的建构之中，创造出一种"文化"与"自然"之间厚重的不分性。这是一种被体悟到的人的经验与自然乃至文化对接的和谐性，和谐出现的状态显明地表达于对这一关系的特点的描述性用语中，如"天人合一"（宗教性、自然、文化的域境与人的经验的不分性）、"天人相应"或"天人感应"（精神领域与人的经验的相互照应）。这里很值得注意的是，这样的用语所表示的，是这些人的经验方面延续不分的共生相互性，而不是世界两个原本分立不连的方面后有的结合性。人自己的修养，不是把世界与人的经验作为两件分立的东西放到一起，让它们合一，而是让同属经验的两个本身不可分的方面，由于生态连续性（也即"我与我的世界"）更深度、紧密地相合。

在这个日渐成就、持续不已地建构与礼化的过程中，人的经验作为记忆保留在《易经》中，发挥启迪的作用，因而使这个世界的生活充满魅力，也使精神恒常、生生不息：黄帝、尧、舜氏作，通其变，使民不倦，神而化之，使民宜之。人与自然世界之间显现的生生不息的共生关系，是使充实的人生得以实现的灵感。

通晓《易经》所揭示的变化与生生不息的过程，不仅可使人类生活实现道德与美感，而且还可通向宇宙神化通幽之地。我们能理解到这一绵延不断文化的宗教感效果是很重要的，也即，人的精神境界（达到神化）并不属于另一世界，正相反，这个"神"是属于这个世界的人的享之不尽的产物，是人神境界的精纯高度：夫《易》，圣人之所以极深而研几也。唯深也，故能通天下之志。唯几也，故能成天下之务。唯神也，故不疾而速，不行而至。

久而久之，对人生所持的这样的高度期盼，导致一种可被称为"准无神论"的"人为中心"宗教感——一种不必去祈求独立、超越神灵、以"神"为宇宙秩序本源的宗教感。人类不是依靠参照一种有限的假设预定，去找到宗教的超绝主义与超自然主义，而是让自己成为自己所在世界的深刻意义源泉——其实，这一仅有的世界，是具有宇宙含义的人的协同创造力。《中庸》是朱熹对儒家人生作为的终极告白，发出了宗教性的声音：唯天下至诚，为能经纶天下之大经，立天下之大本，知天地之化育。夫焉有所倚？肫肫其仁！渊渊其渊！浩浩其天！苟不固聪明圣知达天德者，其孰能知之？万物皆备于我矣。反身而诚，乐莫大焉。强恕而行，求仁莫近焉。

这段话的"诚"，历来被译为 sincerity（诚恳、真挚）或者 integrity（正直）。在经典文献大体资源中大多数情况下出现的"诚"字，确实是这个意思；这段话中的"诚"也不例外。但是，在一个一切作为过程、作为相互关系看待的世界，"诚"是纽带，它把人与他人的关系联合成一体。而这样的状态，使个人的协同创造活动过程达到可能。在这样的情形下，"诚"（integrity）并非简单地保持个人所"拥有"的"什么"或者说个人本质不变的"是谁"，而是人的"做人""成人""成功"与家庭和社会合为一体。所以，"诚"是人的圆成的一体性与创造性过程。"诚"不是静止不变的本质性的"一体"，而是在构成人的特定自然、社会与文化天地中，多维关系的"圆成为一体"过程。这种"圆成一体"与"创造"的不可分性，在这段《孟子》的话中通过"仁"的观念被强化；"仁"是对"人"互系性、圆成性的表达观念，它表达人与他人的圆成是互含的。朱熹对"成仁"有如下解释：此言理之本然也。大则君臣父子，小则事物细微。其当然之理，无一不具于性分之内也。

如果把这段话用更熟悉的语言加以表述，我们还可说：人的生命和生活给宇宙带来影响；在我的生态关系之中，我与整个可经历之宇宙相系不分；而且，在我本人修养的基础上，我已具有从至刚、充满意义角度看待我的生命和生活的能力，我已具有使整个宇宙都增加意义的能力。一旦能这样去理解，就不难发现，儒家的修身内业包含的对人、对宇宙的根本宗教性元素。如果把宗教性理解为个人价值的至刚与归属的至大感，那么人在家庭、社会及宇宙中获得的充满意义的生命和生活，其本身就正是深厚、愉悦情感之源泉。

这显示的是生生不息的社会之道。"道"需要模范人物引领人们去学习，这样，它就要求儒学哲学家发挥个人示范作用——如同一个先遣兵，为未来后辈探索与指明一条"道路"。这样一种类比式的对一些文化模范人物的要求，在观念上是双向性的：既是给予，也是获取。人的修养本身就意味要向楷模人物学习，将被尊为表率的人物视作自己所处世界的文化引领者。同时，如此向贤者学习而取得个人成长，也让个人产生对一种行为素质的追求志向。这种行为素质，久而久之，又将成为个人所处的家庭与群体的一种持久的志向。最后，这种志向充实了人类的文化宝库。

崇拜一神或多神，将它（它们）视为超绝独立、静止不变的秩序，中国古代传统没有这样的宇宙观。中国古代传统所关注的更是人本身所在的世界，这种宇宙观把祖宗、圣贤，把高贵人格提升到超越的地位，并经久不衰地赞颂它的超越性。对文化楷模的崇拜虽然是深刻具有宗教性的，但它是"以人为中心"。而且，一直被很好保留的一种敬仰或崇尚不是一种对超绝神的崇拜；这就是说，不是将崇拜对象的完美性联想为是完全独立于、凌驾于它的信仰者的。孔子作为一个典范，由于儒者群体发挥的世世代代的文化传承引导作用，其鼓舞作用是伴随这一群体的发展而扩大的。起到典范作用的人物与后学者之间存在的依存与相互性关系作为一个很好的例证，可说明过程的、处于变化之中事物的世界是一个事实，它对那种（将世界作为个体看待的）绝对不联系性的概念是屏蔽的。先生与学生是互为关系，在互为关系中，他们或是先生，或是学生，这正是源自他们的互相依存与彼此的关系构成性。这就是说，按照"互系性宇宙观"或"气的宇宙观"要求进行的阐释，只能用"视点/域境"（"心/场"或"德/道"）的方法，而不能用"部分/全体"的模式。先生与学生互相离不开彼此，无论是谁的成就，都是于此种关系的最得道的发挥。

从"部分/整体"意识向"视点/域境"意识的转移，其中一个含义是与思想理路相联系的，也即它以互动的人类经验活力为特质：把人与万象万物的变化过程的相互性作为一个场域。诸如"主观与客观""行动与反动""起因与效果"等此类人们熟悉的概念，它们的根据都是一种假设，都是讲，外在性彼此相关的事物，几乎是没有什么联系的。本质不变主义的思想，强调先验潜在性及对它的后天实现，概想一个被目的论的假设推动的单线单向因果关系是行不通的。相反，所有的这种互相作用，都需被理解为相互依赖与交结的"所做之事与所经历之事"在这一过程中的相互促进成长与创新进步。对于跟我们处在同一个世界并一起于其中生活的其他人与物来说，我们塑造着他们，他们也塑造着我们。一切创造都是相互的：我们作用于世界，也作用于自己；我们在修养自己的同时，也改造了世界。

我们可以对中国宇宙观和被海德格尔总结并批评的西方"神学本体论假设"的主要特点做一些区分。其一，"气"观念承认的是一个生生不息的现象世界，它的构成是林林总总、变化不已的过程和事物；现象的背后不存在什么假设推定、永恒与静止不变的"真体"。这个世界在同一时刻既是生命的过程，也是这一过程之内的生命的万有内容。其二，在这"气"的世界观中，到处都是"贯通"（continuity）的，无论什么时间、什么地点。世界是跨越时空贯通的。这样的一个世界，要求我们诉诸一种"视点/域境"（"心/场"或"德/道"）诠释方法，而不能用"部分/全体"的分析模式；因为需要理解的对象是内在关系，而内在关系存在于具体特殊的事物及其由它们构成的环境世界。其三，经验的整体性是第一重要的。如果是这样，只有在一个概念抽象过程中，经验才能被理解和判断为不是"主观"即是"客观"、不是"一己"即是"他者"。其四，宇宙是生命的，它是内在地被经验的，对宇宙的阐述，必然要有一个具体特殊主体活生生存在的维度。其五，因为不存在不相联系、外在相关的"物体"或"东西"，因此必须淘汰对它们的单线单向阐释，代之以对它们进行"情势的"、相互依存、协同不悖及相互促进过程的直观阐释。因为伴随着这些过程的，是新事物天然性的呈现，如果轻易地用一种单线单向因果关系进行分析，则这些过程是要被简化的。变化与新事物的呈现，二者都是真实的，谁都是不可被否定的。

"互系性"宇宙论为儒家思想发展与进化提供了一个域境。在这一互系的宇宙之内，没有事情是自己产生的，没有无本之木、无源之水。呼吸是肺与空气的共生协同，观看是眼睛与阳光的共生协同，跑步是腿与地面的共生协同，友谊是朋友之间的共生协同。一切活动都是发生在一个具体环境中的，所以在本质上都是具有相互性的。所以我们发现，表述中国自然宇宙观的技术性语汇，都是偶对性的而不是单一性的，以反映这种普遍的互系性。语汇都是具有相互性、协同性含义的，如"天人""天地""体用""变通""阴阳""道德""理气""无有"等，没有一个术语可独立存在。这一生态宇宙之内，不存在一个超然、独立的"一"理念，没有单一起因，没有单一基础、终极性标准，没有一个高于一切的秩序。

每一个人都构成一个切切实实包括许多"自我"的场域，而且通过此场域，这些"自我"的很多角色与人格都表现着：为人父母，为人子女，为人同事，为人对手，为人老师，为人情人，为人所施恩者，为人所报复者，等等。

此种"一"与"多"的不可分性是"礼"的基础；礼是人的角色及社会关系的恰宜状态。"礼"这一观念，表达一种充满活力的社会形态。在这个形态之中，人都是特殊的人，都是特殊状态的角色和关系，同时也是协同的，如同许多"公体人"（corporate person），每个具体角色与关系，是由"公体性"定义的，如"儿子与母亲""祖父与孙女"。每一个都是特殊具体人，也同时构成人的一般角色与关系。

当我们把眼光转向社会，去思考使得每个人都变成具有个性、作为独特的人而相区分的那些角色与关系的社会礼数之时，我们必须认识到，是从这样的关系之中成就的共享、同步之"乐"将我们聚到一起，将我们变成和谐家庭与社会的一员。

我们所熟悉的西方认识论语汇，如"comprehending"（理解）、"grasping"（领会）、"getting"（了解）、"understanding"（明白）等，都含有去寻觅偶然事件和现象背后的"客观""去域境化"质相（不看森林只看树木式）的喻义，我们只有通过使用人和事物名称，才能正确地对它们做出分类。而与此相反，中国"互系性"宇宙观的"知"这一词汇，其语义是"理解"或"了解"（unravelling the patterns），是"知道"（finding a way and knowing how to proceed）或"通达"（penetrating through），是引导去展开一个整体总是变化不已的关系域境的全图，使得我们从另一视角得到的一个人或一件事的另外的名称。这种总是有条件的、双关性的认识论是表示、喻义的来源；一个人的重要性来自不断生成的关系，因此这些总在变化不已的关系必须本身就是"知"的内容。要理解他人，必须在他们与别人的关系之中理解。人们的恰当地被别人知晓，是通过称谓他们在生活中所具有的很多角色和关系：一个具体人所具有的身份角色会有姑、婶、姨、老师、邻居、教练等。只有知晓一个人在与别人相关的许多角色和联系之中的活生生的身份，才是了解他的真正途径。

这样的宇宙观具有的个体性原理，不是（西方那种）既得的且可复制性的、固定不变的质相本身，被认为是构成人自然类性的，是一种理性思智，一个德行属性，一个自我意识的"自我"，一个独立行为体；恰恰相反，这个"个体性"观念，是在人对同家庭与社会的联系的适应之中形成的。

儒家这种承担由关系构成的很多角色的人，不是什么"在社群中实现联合的个人"，而恰恰是由于我们在社群中有效联系在一起，因此我们变得特殊了，变成由关系构成的个性人了。我们不是"有了思想，再同别人说话"，而是我们有效地互相说话而使家庭与社会产生共同想法、变得繁荣。我们不是先有了心，然后才互相同情，而是因为我们彼此感同身受，才形成一个一心一意、自我调节的社会。其实，"互系性喻义"（也即通过互相联系性的生活去定义和实现一个世界）才是儒家在交流的社会创造人生意义的方法。

"一多不分"点滴

　　一位中国北京工业大学教授认为："一多不分"是中国哲学的特质，它并非实体，而是说宇宙万物的不可分离性、互联相系性。万物是浑然而一的，互连万物个体的多样为之状态。不分是万物的互通和互为延续。

　　一位中国学者说："一多不分"是说世界宇宙是不分和相互联系的。正是相互联系创造了丰富多彩的人世社会。这一哲学分析方法为我们提供正确看待世界的分析方法，让我们更加清晰地看透了事物本质。

我的体会：＿＿＿＿＿＿＿＿＿＿＿＿＿＿＿＿＿＿＿＿＿＿＿＿＿

＿＿＿＿＿＿＿＿＿＿＿＿＿＿＿＿＿＿＿＿＿＿＿＿＿＿＿＿＿＿＿

＿＿＿＿＿＿＿＿＿＿＿＿＿＿＿＿＿＿＿＿＿＿＿＿＿＿＿＿＿＿＿

＿＿＿＿＿＿＿＿＿＿＿＿＿＿＿＿＿＿＿＿＿＿＿＿＿＿＿＿＿＿＿

＿＿＿＿＿＿＿＿＿＿＿＿＿＿＿＿＿＿＿＿＿＿＿＿＿＿＿＿＿＿＿

＿＿＿＿＿＿＿＿＿＿＿＿＿＿＿＿＿＿＿＿＿＿＿＿＿＿＿＿＿＿＿

＿＿＿＿＿＿＿＿＿＿＿＿＿＿＿＿＿＿＿＿＿＿＿＿＿＿＿＿＿＿＿

第五节
儒家人生观：至于"仁"

　　孔子避开了西方天生固有的本质主义理念。"君子"是一种修养而成的高尚，它不是与生俱来的。孔子区分文明的社会与不文明的社会时也是持这种态度。

　　　　　　　　　　　　——安乐哲

在西方，意义来自一个高高在上的"神本源"（"a Divine source"），即耶和华、上帝或安拉，是它赋予我们生命的目的。而儒家人生观并不诉诸某种独立性"原则"，而是告诉我们，意义来自共生性，来自本身意义丰富的盘根错节的关系。一个人致力于"为仁"——自己在家庭环境关系的最恰宜性，既是人、社会乃至宇宙意义的起点，也是其根本的源泉。就是说，通过成就和开拓于家庭环境之内与之外的健康关系而对个人人格加强修养，就等于是他丰富了宇宙意义，使宇宙更宏大了；反过来，获得丰富意义的宇宙，也为人自己的人格修养提供了丰富的养分环境。

道德动机是个人修养的驱动力量，孔子对这一点是很坚决的。孔子一般都是很谦恭的，但在对自己的看法上，有一点不仅不退让，而且实际是反复强调的，即"好学"。对孔子来说，"好学"十分具体，就是不退缩、意志坚决地作为一个人的"为仁"。"成仁"是一生的追求，径直地说，就是由家里开始，而且不能简化，是双向、相互性的，是很有教养、很文雅的一种精于为人处世的能力的表达。《论语·雍也》有孔子这样一句话："能近取譬，可谓仁之方也已。"《论语·颜渊》也有："为仁由己，而由人乎哉？"此外，孔子对"志于学"而有的"成仁"效果的最高期待是《论语·宪问》篇中的"下学而上达"。

其实，在这样的儒家传统之中，有一种从"为仁"向着一种以人为中心"宗教感"的直接通道，可作为对人格修养的精确表述。儒家"宗教感"，即获得价值感和人格归属感的那种强烈意义，在充满意义的人与人关系的交融成长之中，油然而生；当家庭与社会成员都诚心诚意渴望在其与他人关系之上奉献自己之时，它是那种"精神"，人们为这种被激发的灵感而活着。这种"宗教感"是家庭兴旺、社会繁荣的源泉，也是它的效果。具有这样"宗教感"的生活也是社会生活品质的直接表现。换句话说，人的倾向聚群的"宗教性"不仅是社会幸福生活之"本"和社会进步成长的"种子"，而且最重要的是，它是成熟的果实，是鲜艳的花朵。人的修身与人的精神性，二者的共生协同，生动地蕴含在常用语言之中。这种语言也常是研究"中国宗教感"的学者，将儒家传统的家国忠孝与西方传统的上帝崇拜进行区分而启用的。也是说，"天人合一"即儒家传统的"宗教感"的特质。

一、《大学》奠定人生观

作为根本性原初经典的《大学》，早在儒学传统的起始阶段即奠定了儒学人生观的基础，阐明人之为人的过程。《大学》指出，只有致力于人格修养的刚毅生活训练，人才能达到博大智能与道德开悟，最大限度地参透人生的意义。

每个人都从一特殊角度，对待家庭、社会以及宇宙，尽己所能地精心呵护它们的发展与关系，每个人都有可能对关系产生十分细腻的感觉，因为这是人所置身和构成的家庭与社会关系，因而使关系成为更清晰、具有更丰富意义的焦点。《大学》所言"学"是修身，是养成充满活力、超越个人的习惯的行为。

孔子的深刻思想，是通过对人普通经验最基本与最经久的常见事情进行阐述而形成的，如"孝"、敬人、朋友、培养"耻"感、成长和教化、社会生活等。这样，他的思想总不脱离现实生活。

其实，以中国自然宇宙论作为一个语义环境，是什么使得儒学比经验主义还要具有经验性（也即，是什么决定了儒学根本就是经验主义）呢？是这样一个事实：它尊重具体事物的特殊性，同时也是对概括性智慧的需要——在对未来的积极方面进行预期的时候，要把这种特殊性考虑进去。儒学不是宣布什么普遍原理，假设一种自然种类分类学；儒学总是从现实的概括总结出发，针对那些生气勃勃的具体事物"特殊的"历史呈现，如对孔子自己故事的叙述。

二、从"齐家"到"治国"

儒家思想之根基为人们日常之生活；家庭生活无处不有的那种自然敬畏，为其活生生之源泉。对儒学而言，家庭关系之意义与价值，不仅是社会秩序性之根本基础，家庭关系还具有宇宙及宗教性的喻义。我们每一个人之于自由身延展开去的关系网都具有道德的责任，关系所到之处，远不止我们各种角色所在之处，要达到这样的理解，出发点则是维护好家庭的纽带。

家庭对个人成长影响之深，始于婴儿从出生起就对家庭关系的完全依赖。如果婴儿期让我们学到了什么，它教给我们的最要紧的第一课就应是人之经验的不可逃避的相互依存性。

而儒学是另外一种做法，它不是通过什么超然灵魂，或者自我，或者思想（mind），去对待人的认同问题，而是在人自己行为的协和性和一体性之中去发现相同的黏附性，这种黏附性是由人的身份角色和关系体现的。在"四书"经典中，《中庸》是最令人振奋的；我们从中清楚地知道，家庭情感才是礼仪根本的来源，是在礼仪化人的身份角色与建制之中培养而来的。

仁者人也，亲亲为大；义者宜也，尊贤为大。亲亲之杀，尊贤之等，礼所生也。

成为"人性"最深刻成因的，是人出生的家庭与文化特性。如果家庭是在健康成熟的文化中，重要成员很讲道德及家和万事兴，那么对未成年人及其成长的投入和可用资源就会很多。如果家境恶劣且缺失教养环节，人的成长则会是一条更为艰难的道路。但是，传说中的舜所侍奉的是道德败坏的父亲和后母，他却仍能以尧帝为榜样，做到勤勉修养、磨砺成圣。舜的经历足以表明，文化资源是敞开的，人人可吸收，从而激励自己成仁成圣。

中国宇宙论不是诉诸一个独立性本质（或说"灵魂"），使其作为人的行为来源；而是从研究事物的展开与聚集的现象学开始，认为道德习性存在于人的行为本身。这样一种将人视为关系构成的"做人成仁"的认识，使我们现在要转而谈儒家角色伦理学——它是培养人成仁行为习性的具体家庭、社会性指南，这些指南呈现出了另一种宗教感情怀。

"一多不分"点滴

一位英国学员说：我对"一多不分"的理解，就是"一切都是联系的"，与个人主义理念有点小冲突。我眼中"一多不分"的意思是虑及别人，想到你会对别人带来的影响，把你、我、他一个个都联系起来。有这样的理解确确实实让我的生活观不同了。

一位德国学员说："孝"教会了我更尊重、更悉心照顾我的家。我有些惊奇，学习到了像"角色伦理"、对世界有贡献、崇敬贤人而不是上帝等的思想。我真希望我学到的知识能使我生活的态度，对待朋友、家庭的态度有所改变，也能使我对不同民族的人的态度有所改变。我学到了中国文化，没有想到中国哲学这么多知识让我打开了眼界，让我看到我从来都没有考虑过的东西。

我的体会：＿＿＿＿＿＿＿＿＿＿＿＿＿＿＿＿＿＿＿＿＿＿＿＿＿＿

＿＿＿＿＿＿＿＿＿＿＿＿＿＿＿＿＿＿＿＿＿＿＿＿＿＿＿＿＿＿＿＿＿＿

＿＿＿＿＿＿＿＿＿＿＿＿＿＿＿＿＿＿＿＿＿＿＿＿＿＿＿＿＿＿＿＿＿＿

＿＿＿＿＿＿＿＿＿＿＿＿＿＿＿＿＿＿＿＿＿＿＿＿＿＿＿＿＿＿＿＿＿＿

＿＿＿＿＿＿＿＿＿＿＿＿＿＿＿＿＿＿＿＿＿＿＿＿＿＿＿＿＿＿＿＿＿＿

＿＿＿＿＿＿＿＿＿＿＿＿＿＿＿＿＿＿＿＿＿＿＿＿＿＿＿＿＿＿＿＿＿＿

＿＿＿＿＿＿＿＿＿＿＿＿＿＿＿＿＿＿＿＿＿＿＿＿＿＿＿＿＿＿＿＿＿＿

第六节
儒家"角色伦理"

家庭始终是出发点，世界繁荣昌盛是目标。将"角色"作为一个生存内涵与赋予道德性的词汇，打通了家庭、社会与国家的隔阂。这一具有辐射性、有机性概想的关系秩序所表达的儒家思想是，美满家庭才是昌盛国家的直接的、真正的源头。

——安乐哲

一、德风之起，"角色"之命

在《论语》中我们反复看到的，也是《大学》呈现的，是人对自己修养的那种辐射结构；人生至善的视野在这个结构中展开，从直接家庭关系展开，而且此时，作为家庭"角色"的一个直接展开，向外推延。其实，家庭是儒家世界观无处不在的比喻，"孝"既是手段，也是目的，还是儒学的灵感和反响，正如行仁为的是成仁，行孝为的也是成孝。由于在儒家思想中，家庭具有中心作用，适于家庭的亲情是基础，在这个基础之上，我们人生的路径才得以形成。《论语》出现多次的期待，人的旅途从与父母相伴开始，整个人生，从实际上或精神上，在任何境遇都不曾远离家庭。儒家的人生是家庭的人生。

《论语》《孝经》提倡"仁"，是以孝为本。《孝经·开宗明义》提出，人的价值与教化来自家庭亲情。子曰："夫孝，德之本也，教之所由生也。"

子女对长辈应有的"下对上"的遵从与尊敬，必须要与"家长制"和"父权"——古罗马式"一家之长"制，权力自父亲从上至下，单向权力与特权的——严格区别开来。其实，家庭关系就像传统中国宇宙观中的所有关系一样，都是双向性的。长辈以自己为表率对下一代施行教育，在他们自己的时代，自然受到年轻一代的尊敬，但值得期待的是，年轻一代从长辈那里学得很多很多，也从对长辈的尊敬和服侍中获得很大的愉悦：礼者，敬而已矣。故敬其父则子悦，敬其兄则弟悦，敬其君则臣悦，敬一人而千万人悦。所敬者寡，而悦者众，此之谓要道也。

从生存意义上，我们可以理解，一个女儿悉心照料自己年迈的母亲，她将这样的尽道德之责当作孝敬的机会，而不看成负担。

理解孝道究竟是怎么回事，一个很重要的考虑是，教诲是以身作则做出的，而不是命令出来的。老一辈教育子女怎样恰当地遵从长辈，效果最好的是，对孩子们的祖父母表现同等性质的尊敬态度，也在孩子们祭拜祖宗的场合表现出这种态度，从而孩子们会效法长辈在家、在社会的行为作风。

然而，"遵从"只是"孝"比较明显的一方面，它还有不时被忽略的另一方面。在家庭中真正做到"孝"，也如同朝廷上的忠君之臣需要进"谏"，并非只是恭顺而已。进"谏"远不是随意的或可做可不做的，而是有严格问责要求的。例如，《孝经》中学生问"孝"是否可被认为是顺从，孔子强烈地不认同。曾子曰："……敢问子从父之令，可谓孝乎？"子曰："是何言与？是何言与？……故当不义，则子不可以不争于父，臣不可以不争于君。故当不义则争之。从父之令，又焉得为孝乎？"

《荀子》一书也是这样的观点；《荀子·子道》的一大半内容都是对把"孝"或"忠"理解为盲目顺从的批驳，并以大量现成事例说明，对长辈或上级权威的要求不加分析地顺从，恰是不孝、不忠。

进"谏"是一件包容性和思考性的事情，思考集中点在于"我们"，是一种对"我们"责成的询问："'我们'怎样才能做得更好？"进"谏"必须与那种抗议性的表达行动区别开来，抗议性批评是排斥性和对立性的，是一种反对：只是针对"你"的。当然，为了有效地使人接受"谏言"并改变原来的做事方式，进"谏"说服别人时必须对对方的感受与态度十分敏感，善于应对，并有丰富的想象力。不过，这种对上级权威的进"谏"是有底线的，它绝不容许后辈顽固地以自己的判断与长辈抗争。后辈对父母有进"谏"之责，却不意味着长辈就一定要听后辈谏言。孔子这样说：事父母几谏。见志不从，又敬不违，劳而不怨。

二、德：品行至善

我们从早期文献记载中看到的孔子不是推崇理性的，他的关注倾向只集中在普通人的经验，"德"基本是指"至善仁德"。如果我们作为一个繁荣昌盛社会的成员，是智慧地生活而且已经"获得"（"知"）惬意的个人生活，那么，"德"就是我们真正能够做的和能够成为的。"德"即我们实际能做什么和我们确实能成为什么样。就像"仁"一样，"德"一定是能从具体特别事例当中得出的——我们能谈论"人德"，但它是归纳总结而来的，总是从具体的模范开始的。

"德"的扩展，必须既是一种有意图的行为，也是一种吸引人的魅力。作为一位艺术家，一位社会领导者，一名教师，你可以做到将你的自然和社会环境条件统统调动起来，使它们展露出达到一种积极和谐之状的可能性。你能够在你的身上体现、诠释与绽放你所置身的文化的风采。这样一个具体的人，其实就是一个社会、一个世界内部的相互恭让形态之构成；在这一构成之中，正处于这一域境化"其他人"的方向和意愿，都同你所诠释的域境，都与你所施展的影响与魅力，融合为一体。

"德"是有政治论和宇宙论深度的。在政治范畴，"德"指的是一个领导者与人民之间最为恰宜的关系，是在领导者所能延伸出去、所能达到与人民的普遍文化倾向共荣的程度，领导者身上体现的是他对于社会的价值。在领导者通过他高超的领导力让人民敬重的情况下，人民表现出乐于分享领导者所建立的价值体系和道德准则，因为人民拥戴他。

我们知道，准确地说，《道德经》是"德""道"之说，通篇是对"德/道"这一"视点/视域"宇宙论的阐述。它的中心论点是如何使"特殊性/一般性"关系呈现最适宜的状态——致使这一具体特别事物如何能够最有效地将从它视角的视域置入视点。从人的角度来说，经过这样对"德"的聚焦过程，才产生出"认知""道德""审美"与"精神"的意义来。《道德经》对修养之人具有的创造意义与意义展现能力做出阐述，并强调这样一种情形：人的论理之清晰可超越人类社会，具有宇宙的意义；具有"上德"的圣人，也具有宇宙的意义，是他能使人类经验与环境之间的共生关系呈现最适宜的状态。

《中庸》可能是传统儒学在宇宙论思考方面对早期道家思想的一个比较明显的呼应。《中庸》将古代儒家经典中的"人为中心"视点加以延伸，将君子视为天地和谐、创生的全部意义的参与者，并将此作为一个宗旨加以论述。"德"的修养实践贯穿于人全身心地投入礼仪之邦建设的整个过程。在这种参与中，人在角色与关系上修养而成之仁德，使自己成为一个他人敬重的对象；通过对这样一种"敬重"状态的扩展和参与，建立起一个文化价值的共享世界。"德"的"聚合体"孔子，跨越时空，服务于一个共有的中华身份的统一性与永久长存；这就是那种融合之作的整体性，有时强一些，有时弱一点，一种绵延不断的道德与宗教成就——"德"。

"一多不分"点滴

一位德国教授说：安乐哲、罗思文使得儒家思想在西方被接受。他们的描述很有说服力，成了最有信服力的文化交织体。安乐哲很成功，"角色伦理学"是前所未有的新词，用该词来反对用西方概念讲述中华文化思想，不以西方概念为"高深"，使中华文化思想成为全球性的东西。角色伦理学是中国人的生活。

一位中国澳门大学教授说："角色伦理"认为人生根本上是人与人构成的关系。所谓"活得好"不可能是"启蒙"式现代性的个人，追求什么"自我性""我的事情我做主""做个独立主体"，不是黑格尔提出的"自我意识精神发展"，而恰恰是意味着践行"共处共生"之道。也是说，社会不是许多不同的"自我"集合的产物；相反，任何个人"本质"都只能是由社会关系得来的。所以对"如何处世""如何对待人生"需要做实践性调节，人需要对自己的具体且实际的社会关系有自己的态度，即要拿捏好自己的各种关系角色。人的家国关系角色是一多不分的；家庭关系角色可延伸到社会。

我的体会：＿＿＿＿＿＿＿＿＿＿＿＿＿＿＿＿＿＿＿＿＿＿＿

＿＿＿＿＿＿＿＿＿＿＿＿＿＿＿＿＿＿＿＿＿＿＿＿＿＿＿＿＿＿

＿＿＿＿＿＿＿＿＿＿＿＿＿＿＿＿＿＿＿＿＿＿＿＿＿＿＿＿＿＿

＿＿＿＿＿＿＿＿＿＿＿＿＿＿＿＿＿＿＿＿＿＿＿＿＿＿＿＿＿＿

＿＿＿＿＿＿＿＿＿＿＿＿＿＿＿＿＿＿＿＿＿＿＿＿＿＿＿＿＿＿

＿＿＿＿＿＿＿＿＿＿＿＿＿＿＿＿＿＿＿＿＿＿＿＿＿＿＿＿＿＿

＿＿＿＿＿＿＿＿＿＿＿＿＿＿＿＿＿＿＿＿＿＿＿＿＿＿＿＿＿＿

第七节

儒家思想"人为中心"的宗教感

在今天人类意识形态的意义上，"一多不分"的"人"要成为相对"个人主义"的另一种选择。个人主义的信条是"生而既成"，即人生来就是一个"神赋"的独立本质人，单子个体、一己自我、我为中心的"一多二元"人；而儒学讲"一多不分"，强调人非"生而既成"，而是"行之而成"，也即"做人""成人/仁"及"成己成物"。人是怎样"成人/仁"的，这是作为儒家经典的"四书"无处不在谈论的问题。

——安乐哲

一、厘清过程天下观与本体论的差别，不再理睬"超绝"

　　法国杰出的汉学家葛兰言精辟地指出："中国智慧无须上帝理念。"虽然说法不完全一样，但是这个中国哲学的特质有不少出色的汉学家和比较哲学家都曾指出过。唐君毅曾肯定地说：中华民族不含超绝意义的天的观念。中国人对天有个普遍的观念，就是天与我们的世界是分不开的。

　　李约瑟也是要把中国宇宙论从某种潜在的、永恒不变的结构性假设推定之中脱离开来。他指出：中国理想的东西不包括"上帝"，也没有"法"……所以，器械的、数量性的、强迫的和外在强加的，一律都没有，"秩序"概念是排斥"法"概念的。

　　其实，那些中国哲学的最好的翻译家，中国和西方都一样，对中国宇宙论起始于一个孤立、超绝原则的说法都是明显摒弃的。

　　如果在中国宇宙论问题上认真地考虑葛兰言的深刻见解，就会有一个重要发现：它能让我们辨别出一些研究古代中国天下观、自然宇宙论思想时由于使用古希腊本体论假设推定而产生的含糊其辞的说法。真正的挑战是澄清古代中国哲学的一些核心哲学语汇，为的是让这个传统自己来说话。

　　尽管这似乎已是一个广为接受的观点，即"严格的超绝性"在认识古代中国宇宙论上没什么用处；可我们还是有必要一开始就尽可能明白这个"严格哲学超越性"是什么意思；因为这个"超绝性"在西方是随处可见的哲学概念。

　　要说清楚，"严格"哲学或神学"超绝性"，就是声称一种独立和地位高高在上的原则"甲"，它始终、决定着、主宰着"乙"，而这是个不可颠倒的顺序。这是我们1987年完成的《通过孔子而思》一书中首次给出的定义，之后我们一直在所有发表论著中都坚持用这个"超绝性"含义。在柏拉图和亚里士多德那里，"eidos"的理念他们都有，而且都是原始根本性，在他们那里的意思分别是"理想物"和"不可改变物种"，或者是一种独立、完美。因此，不可改变的造物者上帝——也就是上帝的"自给"或"自存"——产生自主流基督教神学，是很典型的这种"严格超绝性"的例子。

我们现在可以把这个对人的关系性认识用来观照我所说的儒家思想"人为中心"的宗教感。

而当我们转向儒家的宗教感时，就发现它不用什么独立、回溯和自我存在实体性的"神性主体"作为表象背后的真实和作为一切宇宙意义的终极源头。相反，这个世界是自生、"自然而然"（self-so-ing）的过程，它本身就具有能在构成它的多层复杂关系之中实现自我变化的能量。人的宗教情感本身是宗教意义的发动机，是前瞻性地被理解，是一种展开而兼容并蓄的精神，是在家庭、社会和自然世界充满实性激情的活动范围内成就的。对于激励着我们生活于其中的世界的升华超越之感而言，人类既是它的来源，也是它的贡献者。

不要忘记葛兰言的"上帝"理念，这是相对照的两个古代传统之间最根本的差别，也即古希腊传统的推崇某种永恒"本质"作为本体根据，以及中国古代叙事的"流动过程"导向。古希腊的主导性世界观推崇一个形式的、不变的和本质的真实，而非表象流变，一个必然结果是倾向于将第一性给予互不联系性和量性，而不是质性和延续性，它是重名词轻动态名词，重"物体"轻"事件"。"物体"的认同性倾向是互不联系和原子颗粒性的：量性的互不联系性的一个作用是将认同性解析为本质与偶然属性，而且这样也是终极性外在的而非内在的关系。整体性是建立于互不联系而有一贯性的部分。社会是一堆个体人的聚合，其中每一个都有他／她的自身同一性，如抽屉中的勺子、罐子里的硬币。社会的每一个人都是由某种同一特性定义的，所以有一种"前社会""前文化"以及持久不变的自然分类的依据，将他们置于一种与每一其他人的外在关系中。有某种作为定义的本质存在于他们与其他物体的偶然性关系之外，为他们提供着持续不变的同一性。这种互不联系性与量性的第一性是伴随着重质性轻过程，重永恒（静止）轻变化而来的。而且，给予互不联系性和量性的第一性，反过来又倾向一种对概念正式定义清晰度与不变真理必要性持久的关注；此两种情况对量性、互不联系及可量度的世界，都是符合的。

二、儒学的"宗教感"：积极的生命之花

我在别处曾提出过，古代儒学既是无神论，也是具有深刻宗教内涵的。无疑，它是个以祖先和文化英雄为意义的鬼神宗教传统；不管还有什么别的，但就是没有一个"上帝"。它是一种宗教意识，确认一种源自人的身心鼓舞的经验本身的共同精神。它没有教区，却有向社会延伸的家；它没有教堂神坛，却有家宴餐桌；它没有圣职，却有作为家和社会生活核心的贤人楷模。儒家思想关注人的成长道路和发展过程，需是为整体的意义塑造、贡献于整体的意义；这是一种"成己成物"（creatio in situ）思想，它与西方一神的"无中生有"创造（creatio ex nihilo）传统形成鲜明对照。

《中庸》陈述的中国自然宇宙论，经验生活的世界总是一个暂时性世界秩序的无限展现，其韵律是它自己内在的创造过程，没有任何外在的固定模式或者进行指挥的手。因为没有任何造物者"上帝"，儒家宇宙论更加大大地提升其所期待的"德配天地"的人类协作的创造力。一个丰富意义的世界，只能实现在人类共同协作的努力之中。

儒家的宗教感与那种亚布拉罕传统之间有几个重大差别。儒家宗教经验本身是一种兴旺发达社会的产物；这种宗教生活质量直接来自群体社会的生活质量。儒家思想的神圣性，不仅是从数辈前人传承而来的繁荣社会的根本，也不仅是文化建立的基础，而且还是持续不断的生活质量——人类发展的鲜花与果实。这是一种以人为中心的宗教感，而不是以上帝为中心的宗教；这种宗教感在人为升华自己的经验而采取勤勉谨慎态度之时萌发，在成就角色、关系之礼的过程中形成。儒家宗教感与西方传统的第二个不同点是，儒家宗教感不是救世主义也不是末世主义。不过它确实有一种交流，它是日常普通事务中人生活素质的一个具体转变，

不仅加强和激励人的日常性相互联系，而且以家和社会为本，更进一步向外四散辐射地延伸而去，让世界充满魅力。

在儒家环境中，人自身呈现为群体、文化和宗教所恭敬的对象。除了人们在生活经验中所感受的强烈宗教质感之外，圣贤之人仍将继续作为在他们家庭与社会备受尊敬的先人，也作为祖先遗产"天"的赋予者，这是具有更广泛意义的中国文化的特质，这是祖先与传统圣贤经过长时间的付出积累而成的，是它使文化与宗教遗产形成与蕴含丰富的意义。

三、"创造"之本质："与天地参"的儒家宗教感

我认为，儒家的宗教感恰是这样一种与天地合一的创造意义；而且事实上这是一种合作创造性，是唯一的一种真实创造。对儒家宇宙论而言，其实没有什么事情是仅在自己意义上发生的。要论述这一道理，我想要在几个不同层次上探究"合作创造"的观念。首先，如儒家所说的我们经历的与人的合作关系，就我自己而言，是与刘殿爵、郝大维和罗思文等人，这是我个人曾享有的学术与情感的合作历程——在很大程度上，我们都互相创造了彼此。其次，在一个更为概括的层次上，我要说，儒家宗教性所看重的创造，是人与人作为伙伴在家庭和社会之中彼此塑造的过程。最后，在最高和最普遍性层次，我要提到儒家的"三才"观念和这样一种观点，即人的创造是一体性不可分之"一才"，在宇宙精神生生不息的进化过程中进一步赋予天地灵感，是必不可少的。

有几个问题，贯穿着我们对创造性质问题进行探索的过程，也使我们对儒家传统是怎样围绕这一思想阐述出一条较为清晰的脉络。（1）我们通常在经验中可运用"创造"这一观念的方面都有哪些？（2）"创造"和"起始"是否为同一含义？如果是，为什么？（3）"一体性"、真实性、真挚性、创造性等观念是怎样内在联系的？（4）在"创造"之中，人的情感和思维起到的是什么作用？（5）在中国哲学语汇中"创造"是如何表意的？

我准备用我们自己对《中庸》的翻译以及阐释，分别对以上有关创造性本质

的几个问题进行回答。一直被作为《中庸》标准翻译的是 1861 年苏格兰传教士理雅各的译本。这个译本参照了比它还早的耶稣会士译文，并成为对欧洲后期《中庸》译文产生深刻影响的版本。对理雅各而言，开宗明义首章对宇宙秩序的叙述，是不生疏、没有疑义的：天命之谓性；率性之谓道；修道之谓教。（理雅各译为：What Heaven has conferred is called THE NATURE; an accordance with this nature is called THE PATH of duty; the regulation of this path is called INSTRUCTION.）

从理雅各对《中庸》的理解看，这是个彻底无疑的神论开宗明义，但是接下来叙述的则是不伦不类的牵强附会，而且是亵渎神灵地对人类进行"创造性"的颂扬，是对基督教基本信仰的颠覆。理雅各完成翻译之后，就立即出于自己的忠实信仰，对《中庸》的内容及其影响表示担忧，对给予《中庸》高度评价的中国传统进行挑战：它的开篇还好，只是作者对他开宗明义的箴言，实在没有做到论理成章，内容变得晦涩，我们无法从中探求摸索我们的道路；而当我们从玄之又玄走出之时，又被作者对圣贤完美却华而不实的描绘搞得困惑不已。他为唤起自己同胞的自豪做出了非常大的贡献。他把圣贤颂扬得比上帝、比信仰更崇高，他教导万民无须有什么外在精神作用。它如此这般与基督教迥然不同。迟早，基督教要在中国盛行，人们会将它作为一种有力证明，证明他们的先贤祖先是如何缺乏理解上帝以及他们自己的智慧。

为什么理雅各对《中庸》的严厉批评显得特别坦率？是因为他对开宗明义首章的神学理解与《中庸》后面所颂扬的人类创造性的宇宙意义之间，存在深刻不一致性，即一种人类的创造性挑战了《圣经》所言说的造物者上帝创造人的权威。人类在他们圣贤的领导之下，在他们自己的世界之中，对于达到他们"自我圆成"所必需的一切，都不去诉诸什么超然绝对的神；况且，这些人类楷模，对他们周围充满人类创造性的世界的鼓动作用是如此之强大，乃至天地也没有必要去诉诸它们之外的什么更为终极的"真实"。宇宙创造力是一种人与他所在世界的充分合作——这样一个与白诗朗所谓"世界依赖性质的神性实在"相合辙的一种宇宙论。

正如我们看到的，理雅各并不缺乏真正对《中庸》进行"人为中心"诠释的文本证据。《中庸》的开明宗义首章，强调求得世界情感表达、实现创造性和谐与中和，是在于人类自己的能力与责任，而且对人类在这方面的成功如何有助于整个宇宙生气勃勃、一切事物各得其所，做出了叙述。这个在根本上情势的、多元创造的过程，可在《中庸》对儒家"诚"观念赋予的宇宙意义中找到毫不含糊的描述。"诚"是一个人们所熟悉的词汇，通常译为英语"sincerity"（诚恳）、"honesty"（诚实）或"integrity"（表里如一），但是其运用包含一种人们所不熟悉的宇宙论意义，让我们立即走到另外一种诠释上去。将"创造"理解为一种潜在性转换过程，是这一能力的特征：诚者自成也，而道自道也。诚者物之终始，不诚无物。是故君子诚之为贵。诚者非自成己而已也，所以成物也。成己，仁也；成物，知也。性之德也，合外内之道也，故时措之宜也。

我们的英语译文为：

Creativity（cheng，诚）is self-realizing（zicheng，自成），and its way（dao，道）is self-advancing（zidao，自道）. Creativity references things and events（wu，物）taken from their beginning to their end，and without this creativity，there would be nothing happening. It is thus that，for exemplary person（junzi，君子），it is creativity that is prized. But creativity is not simply the self-realizing of one's own person; it is also what realizes other things and events. Realizing oneself is becoming consummate in one's conduct（ren，仁）；realizing the world is wisdom（zhi，知）. This is an achieved excellence（de，德）in one's natural tendencies（xing，性）and is the way of integrating what is more internal with what is more external. Thus，when and wherever one applies such excellence，it is fitting.

《中庸》还有几段，颂扬人的这种创造意义与世界的圆成能力，十分明确地将人归属为"参天地"共创者。文中阐述人与社会以及自然环境在世界创造之中的协同合作，提出在人与自然创造力之间，存在深刻共生性：唯天下至诚，为能尽其性；能尽其性，则能尽人之性；能尽人之性，则能尽物之性；能尽物之性，则可以赞天地之化育；可以赞天地之化育，则可以与天地参矣。

我们的英语翻译为：

Only those of utmost creativity （zhicheng，至诚）in the world are able to get the most out of their natural tendencies（xing，性）. Only if one is able to get the most out of one's own natural tendencies is one able to get the most out of the natural tendencies of others; only if one is able to get the most out of the natural tendencies of others is one able to get the most out of the natural tendencies of things and events （wu，物）; only if one is able to get the most out of the natural tendencies of things and events can one assist in the transforming and nourishing activities of heaven and earth; and only if one can assist in the transforming and nourishing activities of heaven and earth can human beings take their place as a member of this triad.

《中庸》在这一颂扬基础上又向前推进一步，将人类的最佳创造性认同为"圣贤"。"圣贤"不仅是赋予意义的源泉，也具有宇宙魅力的品格。《中庸》以一种赋予"天"的充分夸张法，描绘这一过程及人类创造世界的价值：唯天下至圣，为能聪明睿知，足以有临也；宽裕温柔，足以有容也；发强刚毅，足以有执也；齐庄中正，足以有敬也；文理密察，足以有别也；溥博渊泉，而时出之。溥博如天，渊泉如渊。见而民莫不敬，言而民莫不信，行而民莫不说。是以声名洋溢乎中国，施及蛮貊。舟车所至，人力所通，天之所覆，地之所载，日月所照，霜露所队，凡有血气者，莫不尊亲，故曰配天。

正如我在上面所论述的，大家都熟悉的儒家说法"人皆可以为尧舜"，常被本质性地误读为是说圣贤是人性之中某种普遍的天赐潜在性，如经过实在化，任何人皆可具有超常天赋，以一种不可比拟之能力对世界施加影响。可是我们已经知道，即使儒家有关系构成人的观念，这一说法也可另解读为，它是对《中庸》所叙述的在广泛社会、自然与文化环境意义上的过程世界中人类经验达到最佳状态的一种承认，这是一种真正的创造与圆成，而且在日常普通事务中显现生生不息的实在意义，其本身就是圣贤德行的意义与内容。这一变为圣贤的潜在力，是伴随时间出现的，是在这些人物成仁的最成功故事中存在的。

考虑到 19 世纪时代英国哲学运动和"共识论思想"的影响，我们可以将理雅各愤懑不满的原因归结为他所诠释的文本居然对造物者的角色也进行不自量力的挑战。"共识论思想"对基督教及其现行道德进行死硬、僵化不变的辩护，将其作为常识的真理根据，用以对抗休谟怀疑论产生的腐蚀力量。无论理雅各的愤懑来自何处，这种不能对允许人类作为宇宙创造的"参者"的言论保持沉默的行为，今天似乎仍然是一种常识，继续反映在《中庸》这一段文字的较为当代的翻译者身上，延续着理雅各对《中庸》开宗明义首章毫不妥协的神学诠释。但是，理雅各由于清醒地意识到自己的基督教思想，因此认识到《中庸》对"神性创造"这一概念的离经叛道，这些翻译家却迂回地让人们所熟悉的神性创造概念渗透到翻译中，而且通过这种做法，否认人类在创建宇宙秩序中的任何真正地位。

我想以最近企鹅出版社出版的蒲安迪（Andrew Plaks）《中庸》译本为例。因为作为译者，蒲安迪不认为将《中庸》的文本放入它自己本身的语义环境中去是对避免文化简约主义误读有帮助的，他把《中庸》翻译得具有一种它自己本来没有的超绝主义思想。在对《中庸》首章的分析当中，蒲安迪引进了本体论"两个世界"和"两种分立存在秩序"的思想，将在人世范畴追求补偿性的可能和谐同"宇宙大基础的静止整体性"分割开来。他论述道：在这里我们知道，对于儒家行为的道德观，自我修养是这枚硬币的另一面，被理解为"道"的完善（可以说"修理"或"恢复"）过程；似乎这"道"，一直是被直接定义为一种"内在性"，它根本的性质是天"命"而来，是需要某种"修补"的，这是我们第一要说明的。《中庸》不是关系到宇宙之"道"所避讳的本质，这点之所以重要，原因在于这可能是儒家伦理体系的本体基础。但相反，《中庸》集中力量讲的是人的方面，是达到一种更可通向的"道"，也即，在人事世界，完善人自己的道。

在《中庸》这一开篇段落，蒲安迪发现，他所看到的逻辑，是对《中庸》通篇起到统贯作用的，有时对似乎不连贯的章节，它也能维持一种没有分割感的整一性和贯穿性；对上下文零散杂乱思想起到整一作用的关键，在于抓住并不断运用外在表现中隐含的说理，并反复巩固每一接下来的讨论环境；它是宇宙和人世存在层次之间本质性的差别，它是赋予人进行努力的集合行为第一性意义，这意义是对人类领域进行秩序化与完善所要求的。

从第二十章开始，《中庸》便逐渐明显区别了人道与天道（蒲安迪将天道译为"the Way of Heaven")。蒲安迪把这个区别理解为一种人们常理解的方式，一个独立、排他及完善的鲜明对照性的宇宙秩序，通过斗争，这种完美化也可能实现在人类经验上：根据这个逻辑，"天道"与"人道"之间划出了一道莫大的分别线；正如在第一章"中庸"与"和谐"平行观念上我们所看到的，这种尽善尽美的质量仅被归属于宇宙秩序，而把一种程度差些的表里如一整体性，交到人的手中。

在对《中庸》颂扬人的创造，把人称为与天地相参的一方的内容采取的态度方面，蒲安迪站到了理雅各一边，认为这种语言具有冒犯性，因为它与他们自己的神学常识是相冲突的。理雅各认为他解读的文字表现出一种毫无羁绊的自大，而蒲安迪则是找到了净化语言的方法（他自己的术语）：对最完美程度修养的最高形而上学结论的阐述，这已经在首章将结尾处有所提示，是表现在对两个不常见用语的运用上。第一个是"赞"，引进了在宇宙秩序延续创造之中的参与含义，想来不只是个旁观者。我们只能对作者究竟希望我们怎样去理解这些词汇进行设想……第二个不常见的用语更令人瞩目：把数字"三"写作古汉语形式的"叁"，并将其变为一个及物动词，意思是"作为第三方面参与其中"。这样一来，原来隐喻的有参与宇宙运行过程的潜力，现在被提升为在宇宙动态结构上一个更高的力量，把人当成了完全的合作者。

蒲安迪在寻找一条解读《中庸》文本的可能道路方面，也煞费苦心。这一方法在神性的创造源头和事实的人作为合作者之间，保留了适当的等级距离：原作者在"神"字前加"如"字，立刻起到软化效果，让人们认为儒家"圣人"只是看上去体现着神性的特征……另外，有充分依据可以论证，早期典籍中"神"字常是指神性特质，尤其是指先见之明或预先感知，也指神之本体。

但是《中庸》的第二十二、二十五和三十一章，对人类在宇宙生生不息过程的重要创造作用，进行毫不掩饰的颂扬。而对蒲安迪而言，"宇宙与尘世事物层面之间不可改变的本质区别"，限制着人的角色不可能超出只是作为那个超越性理念的历史表象，也就是说，"要将这一抽象的宇宙理念转译到它的表象体现中去"。基于对中国经典这样的本体论解读，《中庸》首章的"天下之大本"这句话，被翻译成了"万象包括的本体存在基础"。蒲安迪是用传统经典注疏者的观点强化他的本体论解读的，认为这些注疏者意识到，对于一个完美本源所赋予的神性特征，它的接受者无须进一步做什么。蒲安迪说：古代注释家是一致的。这一普遍性——在一切人类与万物身上，反映在它们的固有本性之中——不需要人去进一步"修养"。人通过"道德教义"约束所做的"修养"，其实更是对自我与世界加以秩序化的正确儒家之道。

按蒲安迪的诠释，哪怕人类真是我们所设想的那样，是宇宙创造力的完全伙伴，人类也没有给真正的"真实"增添了什么。

对于蒲安迪对儒家世界观的认识，威廉·詹姆斯用了一个轻蔑的批评说法，称之为"封闭的宇宙"。这种"绝对主义"告诉人们的，正如詹姆斯的《多元宇宙》一书所嘲笑的那样，是"理性主义的封闭、整体、纯粹、完善的宇宙"。杜威对他老师的这种说法解释道：他（威廉·詹姆斯）厌恶机械论与理想主义，因为它们坚持一个封闭的宇宙观，对创新与新奇不留余地。二者都牺牲个性以及由于个体性而有的一切价值、道德和审美，这是因为根据绝对理想主义，也是机械唯物主义，个人不过是整体所决定的一个部分，他是构成整体的一个部分。在只有多元论的哲学中，在只有认识真正不确定性和变化并将其作为真实与内在本质的哲学中，个体性才会被赋予意义。只有这种哲学才能给予创造活动的斗争以合法性，才会有利于真正的新生事物诞生。

然而在同一时刻，我们还可说蒲安迪是在向他的英语读者交代对《中庸》的一个常识性理解，即基于读者们本身所具有的常识上的一种解读。其实如果我们此时对自己在普通语言意识上去运用常识如何理解"创造"的情况思考一下，就能明白："上帝为中心"的"创造意义"，皆是理雅各和蒲安迪诠释《中庸》时采用的理论，这在我们的思维与言说之中，仍然是一种根本性思维方式。

在对"创造性"进行深入研究时，我们头一个要问的问题是：我们一般运用的"创造"这一理念，指的是哪一种范畴的人类经验？我们知道，它是指最让人感到舒服的艺术与文学领域；也即与创作艺术和文学故事有关的娱乐行业。但当我们转到日常严肃的事业活动时，如道德、神学、科学，甚至"事业"一词本身，其"创造性"都成为一种可疑的事。如果我了解到某位朋友很有道德"创造性"，在羡慕他那放荡不羁的魅力时，我还会担心，他做什么都行，就是别不巧碰上我那相貌不错的妻子，或者我那天真无邪的孩子。如果人们都说我们教会的某位邻居很有神学创造性，就不是我，而是教皇更担心他们的永恒灵魂的状况了。如果某位科学家同事，大家都知道他做克隆人体器官实验很有创造性，那么他的数百万美元科研基金就很可能有风险。如果我的理财师在账目计算方面很有创造力，最后使我一夜暴富，那么国家税务局不是直接把我丢进监狱，就是查我的账。其实，当罗蒂以狂笑作为对我们学术的抨击之时，在不少人看来他等于是将自己放逐于哲学界高墙之外，落入斯坦福的比较文学系，得到被逐出专业学会大门的结果。

进一步而言，当"创造"一般与文学和艺术创作相提并论的时候，我们似乎不会把作为人的经验的这些创作活动视为一个"因"单线单向地派生出"果"（或曰"进步"）的情况。例如，拿我们的艺术史观与一些历史观比较一下，如基督教的、黑格尔的、马克思主义的、科学主义的等。我们对理性化的人类经验持有的常识性理解之中，存在一种强烈的目的论假设推定，是目的论驱动着宇宙进步，无须求助于任何人的实在性参与。

与这个"创造"价值相平行的一个问题，似乎伴随着我们对 spontaneity（自发性）这一词汇的常见使用与逻辑扭曲。布鲁恩·布鲁雅（Brian Bruya）提出：我们能明白我所说的在伊壁鸠鲁和克律西波斯对自然人类活动所做解释中"自发性矛盾说"是怎么开始的。克律西波斯告诉我们，亚里士多德关于包括人在内的自然物体的内在目的论，让我们可以说，一切运动都是"自发性的"，也即在自然秩序之外，没有"不动的动者"。而对伊壁鸠鲁来说，人类必须让自己摆脱自然决定性，进行自由选择——即"自发地"。这种逻辑矛盾——运动自发性是受他者的支配，及"自发"即"自由"——源远流长，一直延续到今天的话语之中（例如我们会说"青草自发地生长"，还会说"某某人忽然自发唱起歌来"）。虽然古希腊人没有一个作为艺术术语的与"自发性"对等的词，但是他们明显跟这个矛盾进行了抗争，成为后来关于这一问题的一切思想的来源和基础。

"自发性"的一些同义词,在逻辑矛盾"任性"一边表明"随意性"和"分离性",也在"自动性"那边表示某种被"预设决定"的东西;两种含义都排除主体作用。"自发性"这一词汇,不是指修养而成的最好德行,而是暗指随意性、非被他者决定的行为,或者是"预设决定的""自动的"行为。这一演变直接与"无中生有之创造的"理念相关;它把"自发性"理解成一个行为主体的任意性和不可解释行动,或者一种事先定好的程序设计,对这个设计,行为主体没有控制力。"自发性"不是表示行为主体经过修养而形成的反应性,而是表示行为主体在举止上不受限制和行动没经过推敲。基于这样一种解读,新事物的自发呈现,远不是人的德行作为,而且似乎根本不包含任何个人修养。

不过,假如我们去查看一下汉英词典,会发现"自发性"的意义就像"创造性",是一种截然不同的价值。"自然"是"自发性"的中文对等词汇,当这个词汇用在人类行为主体上的时候,"自然"的"自我",一定要理解为"人在角色与关系域境中",而不是什么独立、互不联系的"自我"。所以,"自然"总含有"协同性"。其实,"自然"是无拘束的最好德行素质,作为行为主体与之接触的媒介体及其环境与行为主体进行有效互动之时,行为主体表现出《庄子》中很多匠人和开明君子的特征与行为:庖丁为文惠君解牛,手之所触,肩之所倚,足之所履,膝之所踦,砉然向然,奏刀騞然,莫不中音,合于《桑林》之舞,乃中《经首》之会。文惠君曰:"嘻!善哉!技盖至此乎?"庖丁释刀对曰:"臣之所好者道也,进乎技矣。"

"自发性"是难以赢得的行动自由,这种行动自由正反映在孔子本人生平的成仁过程中。子曰:"吾十有五而志于学,三十而立,四十而不惑,五十而知天命,六十而耳顺,七十而从心所欲,不踰矩。"

英国哲学家约翰·侯普·马森(John Hope Mason)在《创造力作为价值:一个现代信仰的来源与呈现》中指出:"'创造'呈现为一种价值(正如英雄主义、荣誉、虔诚及各种德行),是十九世纪的事情,当科学与技术发展促进人的独立性之时,当自由市场经济带动创新之时,当改革'进步'变为一种期望之时。"但是对他而言,在西方文化叙事之内,"创造"的概念有一个复杂的历史,它至少包含两种截然不同的语义——其实，这个历史仍然制约着我们今天理解与使用这一概念的方式。在最一般而且肯定是非排他性的意义上，在理雅各和蒲安迪解读的《中庸》里，明显有一种始终存在的想当然，也即"创造"只属于造物者上帝，它暗示着道德的"善"、协调一致和精神灵性。在关于有一个超绝、完美上帝的教义中，我们得到一个"无中生有之创造"与道德性的等式。上帝开口发令，便有了世界，"……是好的"。《圣经·诗篇》第二十四篇声称：地和其中所充满的，都属耶和华，是他造的我们，非我们自己。

《约翰福音》第一章第三节声称：万物通过他而产生，没有他，什么也不会产生。

当然，"无中生有之创造"教义的历史，在古希腊及亚伯拉罕传统中，是个复杂与其说纷纭的故事，而在保证一个具有独立力量、绝对主权并自我存在的上帝方面，它是个家喻户晓的神学主题，起到塑造我们常识认知的作用，正像理雅各和蒲安迪二人的主导思想所显示的那样。

第二种涉及我们所理解的"创造性"的传统是普罗米修斯：创造性是冒险的原创天才人物们的事情。普罗米修斯式创造性是宙斯与人类文明拓荒者之间斗争的产物，普罗米修斯偷了火种，人类文明得以开始。但这是取代上帝，这种创举是黑暗的、危险的、破坏性的，是值得质疑的道德价值。

约翰·候普·马森会把康德、柯勒律治（William Coleridge）、卡莱尔（Thomas Carlyle）和阿诺德（Matthew Arnold）当作对"创造"具有主宰稳定性作用的楷模，恰如上帝所做的事情（当然是在不同意义上的），还会将马基雅维利的《君主论》、歌德的《浮士德》、弥尔顿的《撒旦》、玛丽·谢莉的《维克多》及尼采的《超人》都视为具有不同主题的普罗米修斯式创造性，而且将它们作为对"上帝为中心"的"创造性"价值的损害。有意思的是，"上帝为中心"和"普罗米修斯式""创造性"都强调原始性与创新性，却不太强调意义的增加。这样发端而来的"创造性"是出于对一个独立行为主体的想象，是一种单一性本源，无论"创造性"是上帝的神权——只有上帝才配讲，还是精神恍惚的普罗米修斯式的英雄所为。

"一多不分"点滴

　　一位英国学员说：参加"一多不分"讲习班对我来说，真是非常好的一次体验。我对中国、对自己都懂得了很多。我非常喜欢每天的经典早读。"一多"是"不分"的，不是"分立"的。我们所有人都要汇聚在一起，我们在这个世界需要增强"共同感"，要以礼待人。

　　一位中国武汉大学研究生表示："一多不分"的观点，使我们更能体会自己身处于一个整体世界之中，离开这一现实则无超越性追求。个体的价值永远在于它在集体中的位置与功能。我们必须从整体道德高度，推己及人，由此达到道德的境界。

我的体会：＿＿＿＿＿＿＿＿＿＿＿＿＿＿＿＿＿＿＿＿＿＿＿＿＿＿＿＿＿

＿＿＿＿＿＿＿＿＿＿＿＿＿＿＿＿＿＿＿＿＿＿＿＿＿＿＿＿＿＿＿＿＿＿＿

＿＿＿＿＿＿＿＿＿＿＿＿＿＿＿＿＿＿＿＿＿＿＿＿＿＿＿＿＿＿＿＿＿＿＿

＿＿＿＿＿＿＿＿＿＿＿＿＿＿＿＿＿＿＿＿＿＿＿＿＿＿＿＿＿＿＿＿＿＿＿

＿＿＿＿＿＿＿＿＿＿＿＿＿＿＿＿＿＿＿＿＿＿＿＿＿＿＿＿＿＿＿＿＿＿＿

＿＿＿＿＿＿＿＿＿＿＿＿＿＿＿＿＿＿＿＿＿＿＿＿＿＿＿＿＿＿＿＿＿＿＿

第八节
古典儒学中焦点 / 场域式的自我

　　尧、舜和周公皆是因他们所做的事业而享誉人间，由于他们的事迹而被视为"义"的楷模。他们在中国传统延续中不断被称颂的美名，是出于对他们行为所赋予的"义"的信仰。

——安乐哲

一、传统作为阐释域境

对孔子思想归纳出的最后一个观念，是一个传统特征，即传统作为一个语义域境，域境之中不断出现的认识意识，得到它的语言与哲学的表述。与前两个认识意识一样，在观念比对意义上概括出孔子的思想观点，是有效的方法。

不错，历史是以不同方式被理解与感知的，"主体"(agency) 这一概念作为核心是有广泛一致性的。不管历史是直接以经济或军事为主导根源要素来解释，还是被诠释为观念决定的，"主体"都十分重要。理念是有影响的，但不是以经济变量那样的同等方式和同样程度。即便如此，似乎唯心主义与唯物主义历史观都不是将人作为历史主体能够强调到意志论或英雄主义那样的程度。然而，唯物主义与唯心主义思想阐释的历史，本身就是建构出伟大的个体。如果说历史人物本人不是历史的主体，那么，作为文献作者的历史学家和哲学家，也是对历史现象的意义起决定作用的实在主体。我们只要想一想科学史的写法就能明白，它的绝大部分历史，都是根植于唯物主义范式中的，都是对"伟大"科学家的颂扬。

知识史很清楚，也没有什么不同。我们对收录历史过去仍是很关切，历史收录几乎一律都是以伟大思想家为主线陈述的，里面有发现者、创造者、优胜者与和守护者。这些个人有名字、有事迹；他们的故事是能讲述的。

这些都是事实，而且很大意义上成为我们对自己的认知，甚至是没有疑问的。但是，究竟是否还有其他选择话语说法？最与英雄史呈鲜明对比的陈述方法——作为文化经验的确定语境的，则是一种以"传统"为中心的方法。"历史"和"传统"两个术语当然有相互重叠的意思，但一般其中一个概念从特定社会域境上说，是更根本性的。"历史"是由人物和事迹"制造的"。而"传统"有一种"给予性"，这种"给予性"对"创始者"或"造物者"这种东西，是无视或者说至少是抵制的。任何一个历史现象或诸多历史现象，在如果能推理和找出始因对其进行说明的意义上，历史是理性的或者说是可以理性化的，哪怕历史现象的整个复杂体可能还是显得混乱或非理性。"传统"却不一样：对某一传统、礼仪或习俗的理性方面进行捍卫，也许是做不到的，但是传统作为整个复杂体的理性，一般可以得到很好的维护，如它的说法是维护社会一致性或稳定性。

"历史"的理性与"传统"的理性的差异，充分反映的是二者之间最有维系性的关系的性质。传统的文化是礼仪性质的，这种意义是关系到公共和私人事务的礼仪形式，在很大程度上是以最少人为意识干预，维系传统和文化的延续。而那些较少借助传统而更多由历史意图决定的社会，必然在很大程度上是依靠制定法规条令的。

历史文化与传统文化之间明显且广为人知的差别，是与一个事实分不开的，也即前者倾向于把道德强调为对原则和法律是服从还是抗拒的意义，后者则是看重参与礼仪活动的审美性特点。对历史文化来说，法规是规范性的，是外在起秩序作用的原则的意义。而在传统文化中，法规是构成性和内在性的，其意义在于，如礼仪形式一样，它们是在举行礼仪之中构成着"存在"或者"行动主体"的。另外，礼仪行为必要性与确定性的条件是人性化的，这样，较之原理与个体之间的关系，礼仪与个人的关系是更亲密的。

和传统相符合的礼仪行为，与出于理性意图或审慎个人利益而遵从法规的行为，是很容易分辨出来的。分辨的重点，在于对分辨结果的掌握，也即，就人的外表反映而言，就它反映的给予人所在之社会的基本结构塑造特征的根本原则而言。作为建构性活动，礼仪行动给人提供形式，也给了人表达自己的手段。而另一方面的情况是，凌驾于个体之上的法规给人提供行为的方针，因为它是做衡量而用的行为模式和实行标准化的，是人要遵守的。这样，个体可能（其实是必须）感到是在法律之"外"的，并在一种轻微程度上是异化于并隔离于法的。

西方社会的个体感受到其个体性的力量，是种种规范的外在性功能。如果个体与社会规范不是对立的，与它不存在紧张关系，也就不会有以自我为中心的存在。人与审美的、礼仪化的生活相联系，不可能导致使个体性得到强化的形式。通过中西文化个体性意义的对照，我们很容易认识到这一点。

西方个人主义与儒家"人"的观念的区分在一个事实上可以看出：在西方，社会人的个性差异是作为创造性和独创力标志而受到珍视的；而在中国，人格发展目标是人依存性的成就，而这种成就，是个人之间感同身受的融为一体情感的实现。这样一种精神气质所根植的是对那种虚构特质情感与行为的拒斥，因为虚构特质的个性是无法通过风俗和传统的内在性准则来表达的。敢于离经叛道、挑战传统的个体行为，儒家会将其解释为面对正统传承天理，自私自利、厚颜无耻的表现。

"传统"主导，作为实际有效准则之根源，对那些有可能打断历史延续性，确立新思想、新制度的个体新贡献是一种束缚。历史在反叛起义与奇想特质创造家和发明家的行为之中焕发生机。而传统社会将文化延续视为对过去思想、行为的体现与发扬而加以崇尚。中国与欧洲的理论学科史是这一区别的极好说明。在中国哲学中，大功大德的标志是表现在恰当运用过去原创思想家的智慧，使得它与自己所处地位与时代延伸是相关联的。而在西方，哲学史可被解读为由（例如现代以来）笛卡儿、休谟、康德、黑格尔、马克思、尼采等人提出的一系列革命性美景。

以"传统"为导向的社会，就像构成它的人们那样，并没有发动激烈文化变革的倾向。不过，这不是否定变革。相反，正是将孔子视作圣人，从未间断地以他为权威思想家进行追索的传统，让中国成为发生无数变革的地方。其实，一直存在的与孔子看起来有很大分歧的学派，都因它促进传统价值传承的倾向，而被归于孔子思想的传统。例如，虽然孔子在《论语》中似乎一再回避对形而上学问题做出明确的表态，十分深刻形而上的《中庸》却仍然经由他的孙子子思之手，被"归为"他的思想。而荀子却是有意打着孔子的旗帜，而所做的是对孔子之学进行根本转换。西汉大儒董仲舒比起孔子，乃至比起先秦儒家学派来，则更应被看作汉代调和论的代表。这样的例子，举不胜举。

孔子之学与后来对它的诠释之间的这种关系可从两方面来理解。一方面，不管什么原因，孔子或者一直是被利用为一把大伞，下面涵盖了无数创新思想家个体；另一方面，或许孔子本人实际就是个"集体人"，在文化价值从未间断的传承过程中，由于后来思想家相继参与而不断需要从新的路向对待他。这么看，"孔子"就是一个社群、一个社会、一个生生不息的传统。

在这个节点上，很值得注意的是：一直以来中国发生的重要历史变革在多大程度上是外力导致的？在 19 世纪晚期到 20 世纪初期的所谓"西化"，好像正是这种历史被动性的典型例子。但是，这种历史被动性下面遮掩的恰是中国社会的更新与中断。五四运动的最重要理论家之一梁漱溟讲到，西方是"进取意志"（向前面要求），而中国则相对是"调和意志"（自己调和持中）。他暗示地提到许多传统社会都有这一特征。这种"调和"是一种长时间的吸收过程，也是一种转化过程。新思想成分一开始就被赋予了一种传统诠释。梁漱溟有一个观点是要避免陷入从某种严格历史角度而非传统角度诠释孔子思想的倾向，不然，孔子就被搞成一个原始者，一个"伟大个体"，就不是他自己称谓的"述而不作"者了。而另外，我们还需要对儒家的"创造性"观念保持敏感（不是西方超绝性的"创始"——编者），这样才不会把孔子的"述而不作"者身份误解为不过是个"transmitter"（转述者）而已，而把握不到他确确实实是一位"圣人"。

二、"心 / 场"（焦点 / 域境）宇宙观

"部分 / 整体"关系有几种情况。"部分"可在作为一更大整体的一个构成成分意义上，只作为后者中的一份；或者说，部分是构成有机功能体的一个相关成分。前一种情况中，各部分并非本质地相关；第二种情况中，各部分在与机体目的一致的功能意义上，彼此内在关联。第三种情况则是，"整体"作为一种全称或原型，"部分"是具体特殊情况。如果是这样，这个具体特殊情况则是一个种类的其中一个，是整个种类之一的情况实例。而与我们的研究最相关的还有一种，即"部分"的喻义是，它反映或体现的是整体，这是一种全息性"部分 /

整体"情况。

在全息观意义上，其实"部分"与"整体"关系最好用"焦点/场域"(focus / field)的说法来表达。一个特殊个别体，它是一个焦点，它既被它所处的场域赋予意义，也反过来赋予场域意义。场域是全息性的，就是说，它的构成特点是它的每一个可作为焦点的"部分"，都含有整体。可以说在根本上，一个特殊个别的部分同它所在的整体是可以认同为一的，这等于，在场域以一种特别强力的方式聚焦的时候，场域与焦点是同一的。在这种情况下，"德"指的是被聚焦的"部分"（如一个人），是对"整体"（即其社会环境）做出诠释的特别关注焦点。所以我们说，"天"是"德"（被确定的聚焦点）的万物之场域。

我们用"特殊焦点"(particular focus)，是要强调这样一层意思，即每一焦点都是一个特殊选择性角度的整体性焦点；这个选择性角度整体都构成着这个焦点的特殊不同的域境。选择性焦点皆是选择性整体的观念。在这种情况中，没有一个首先的、支配一切的"整体"，也没有单一场域是囊括一切焦点的。个别焦点间的关系是由每一焦点提供的相区别整体性视角所确定的。"整体性"本身，是从各种可选择性特征化之中抽象出来的，只是由不同选择视角的焦点所确定的所有有序性相加的总和。

"道"（一个整体指称）是一个相当于"天"作用的称谓。儒家和道家都把"存在"理解为明显或者隐含的互补力量相互作用构成、生成自身运动的变动不已过程。这一过程是用循环语言叙述的：盛/衰、盈/亏、浓/淡、聚/散。所有存在构成一个连续统一体，据此，每一状态都建构于由它自身推动力和确保它的诸条件基本确定的转化过程中。"德"(the particular focus)不是在互不联系、质相论意义上的"自一性"(self-nature)上理解的，而要被理解为存在过程的一个焦点。当张扬它的独特性和差异性时，它是具体个别意义的；当在它诸多条件充分的相辅相成性以及影响性意义上考虑时，它是存在事物的场域。

我们的根本观点是，古代儒家与道家很大程度上认同的是一个共同"焦点/场域"观的过程宇宙论。这一宇宙论在道家的《道德经》（"道"与"德"之经）中，被明确地阐述为"道"与"德"的偶对性关系，这种阐述十分充分。可以说，从特殊性的"德"视角获得的，对生存场域过程的整体性和一体性的融合观被称为"道"。而从诸多个别实体一体性观点看，这一场域又是特殊焦点 (德) 的组合。

古代儒家传统也有一个相似的、含蓄性叙述的宇宙论，表现在对作为场域的"天"和作为焦点的确定社会关系的叙述上。儒家是将其关注重心大体上围绕在人类社会，而道家中作用相同的"道 / 德偶"对观，重心是"天—人"，即"天"和特殊的人。"天"和特殊的人之间的偶对性关系反映在"天人合一"的基本宇宙观念：天与特殊人的统一。

当然并不是非要用诸如"焦点"和"场域"技术性词来表述"天"与"德"或"天"与"人"之间的关系。如果比较谨慎地想表述这一特点，我们还可恰当借用佛教中的一个说法，即法藏的"立镜现相"。

唐代佛教圣僧法藏受武则天之命演说《华严经》六相十玄之义。法藏在一室的四方四角和上下各处都布上镜子，然后在中间置放一尊佛像。法藏手执一晶体照向佛像，演示诸镜所映佛影如何含于晶体，又如何返回镜中，造成光影交织、佛影重重的无限之景。法藏以此为例，说明万物圆融互聚的特征，成为华严宗经典诠释传统教义"法界缘起"(codependent arising) 的基础。

我们在这里不是说要把孔子理解为一个佛教徒。我们的说法更简单，也更具戏剧性：法藏"立镜现相"表述的"圆融互聚"现象是古汉语；孔子对社会关系的认识，导致他在礼和社会角色意义上理解人——这恰与汉语本身的功能性特征一致。我们虽然看到孔子似乎不太多谈他的宇宙论思想，不过我们还是认为，一旦他确实谈起来的话，他的观念与道家或华严宗的宇宙论认识也不可能是根本对立的。

这种在宇宙观念上的一致性，它的重要性我们不应当过分地强调。孔子选择不对自己的重大观点表现出明显的抽象思辨性，这个事实本身是有深刻社会观含义的。"形而上"思考是要花时间、花精力的事情，孔子思想的解决社会问题的思考成分，强调的是具体的人与人和社会环境的自我成仁。孔子不是用抽象思辨来实现济世目的的。空洞的思辨不仅无用而且实际还会有害，因为它对求"贤"求"圣"的人生目的，起到的是一种妨碍作用。尽管如此，我们还是需要对孔子哲学中的宇宙观，有所注意。

社会政治问题才是《论语》的关注重点。因而，虽然对"部分／整体"（"焦点／场域"）互系关系，它并未给出完整、系统、清晰的阐明，但对它进行了暗示。例如，具备楷模风范的尧，作为"君""仁"的贤德人格，就被誉为"配天"的："大哉，尧之为君也！巍巍乎！唯天为大，唯尧则之。"孔子本人也被用以配宇宙的词汇形容："仲尼，日月也，无得而逾焉。人虽欲自绝，其何伤于日月乎？多见其不知量也。"一个可比于"天"的人，也愈加为世所瞩目："君子之过也，如日月之食焉。过也，人皆见之；更也，人皆仰之。"

《中庸》对孔子的描述可能是"天"与"完人"之间暗合关系的最清楚表达。一个人因为有德行且获得社会其他人的尊敬，所以逐渐变得可比于"天"；而"天"也相应变得像孔子，因为孔子从自己的角度以同样的尊敬形式，诠释具有完整性的"天"，为人的世界设定了榜样：仲尼祖述尧舜，宪章文武。上律天时，下袭水土。辟如天地之无不持载，无不覆帱。辟如四时之错行，如日月之代明……唯天下至圣……溥博如天；渊泉如渊……故曰，"配天"。

圣人因与世界合德进而滋养和促动了万物的合一，因而，他可称之为"配天"："大哉圣人之道！洋洋乎，发育万物，峻极於天。"

与一些观念的情况一样，这里对孔子的一些诠释对西方存在主义传统有所回应。我们认同这一相似性，但请小心，孔子的"存在主义"一旦作为"个人—社会关系"的"焦点／场域"形式来考虑，则会失去它许多（西方——编者）"存在主义"的典型特质。"天命"作为最富于意义的最概括性表述，是由存在于万物场域中的所有互系关联之焦点构成的。尽管"天命"似乎指涉任何个体的焦点，但对孔子来说，他似乎相信，只有那些已达到"德"的人，以君子之风，起到一个富于意义与价值焦点的作用，才可获得"天命"。获此成就的前提是恪守"道统"。这个人才是"天"之"焦点"，才是"天人"。

"一多不分"点滴

一位意大利学员说："角色伦理"把人生看作根本上是人与人构成关系的。所谓"活得好"不可能是"启蒙"式现代性的个人，追求什么"自我性""我的事情我做主""做独立主体"，不是黑格尔提出的什么"自我意识精神发展"；而恰恰意味着践行"共处共生"之道。也就是说，社会不是许多相隔不同的"自我"集合的产物；相反，任何个人"本质"都只能是由社会关系得来。所以，人对"如何处世""如何对待人生"需要做实践性调节，需要对自己的具体、实际社会关系有自己的态度，也即要拿捏好自己的各种关系角色。人的家国关系角色是一多不分的；家庭关系角色可延伸到社会。

一位英国学员感慨地说：我发现"一多不分"是个非常有效的概念，我来之前就知道这个说法。对西方人来说，它较为不好接受，因为你如果放弃那个超然绝对的"一"，你就感到要放弃你的"个体性"。事实并非如此，因为你一旦理解到"自我"有一种关系性整体，"一多不分"还是充分肯定你的个人尊严的，这是中国哲学精深的内涵。深入中华文化本身来体验，效果真是远远超过预期。

我的体会：_____

_____

_____

_____

_____

_____

_____

第三部分

田辰山著述节选

说 明

节选自田辰山著作

《中华文化跨文化讲述》

吉林出版集团 2017 年 7 月第 1 版

第一节

"大道至简"，把中华故事讲出去

哲学不是一个课程，哲学最后不是哲学家的问题，而是大众的问题。

——安乐哲

　　怎样讲中国故事，把中国事情说清楚，无论对外还是对中国人自己，都是一件大事。讲不清楚，是因为它本身就是讲不清楚的事。本人偶然有机会在西方学习、生活近二十年，一下被吸引到比较中西思想文化的领域。长期以来，好奇心推动着我不断研究，直到有一天我几乎惊叫起来："比较！比较！阐释！阐释！拨开迷雾，大道至简！"

　　中国人讲不好中国故事的原因，一下子清楚了：因为讲中国故事的话不是中国话！有人会说："是吗？这才怪了，中国人讲的怎么会不是中国话呢？"恰是如此！讲中国故事不讲中国话，这才是中国人讲不清中国事情的症结！谁曾想到，近现代起讲的中国"人"的故事，一直用的是西方讲"神"的故事的话！中国人在用西方讲"神"的"一多二元"的话，讲述中国自己"一多不分"的故事！"一多二元"是说"神"的话，"一多不分"是说"道"的话。用说"神"的话说"道"，就名不正言不顺了，逻辑就不对了，就必然成为胡说；胡说当然就说不清，就讲不出好故事来。道理清楚了，事情就变简单了；说清中国事，讲好中国故事，就再也不是雾里看花，而是探囊取物、大道至简：中西互鉴阐释——用一多二元的话讲西方"神"、用一多不分的话说中国"道"。讲中国故事、讲中国事，归根到底，都是以"一多不分"的话讲中国"道"。

　　这就是说，再也不是想当然的——凡用中文讲中国的事，就是讲中国故事；或者说，凡是中国人讲中国事，讲的就必然是中国故事。不对！而是无论谁讲，讲的必须是彰显"以关系为本"的故事，这才是中国事，才是中国故事。"以关系为本"就是以事物内在联系为本，就是"以道为本"。我们已不再犹豫——凡中国故事皆是"以道为本"的叙述，都是讲"一（道）多（万物）不分（浑然一体）"的故事？应该说，儒、释、道以及任何曾对中国思想传统产生深刻影响的学问，都是讲"以道为本"（以内在联系为本）的故事。"以道为本"的中国故事与西方故事显示出最大的不同。可以说，西方故事基本不讲"道"，不讲内在联系，不讲"以关系为本"，而是讲"一神"，讲"一多二元"，讲"一"（神）超绝主义与"多"（宇宙万物）二元主义。因而，拿讲西方超绝主义、二元主义故事的"一多二元"语言，来讲中国故事，结果把中国的事讲成了不伦不类的东西，这就不奇怪了。尽管它是用汉语讲，却也不是用中国话讲，也不是中国故事。

对于从近现代开始，将西方人文叙事翻译为中文的语汇和话语，用其来讲述中国思想文化与社会生活故事，或者将中国思想文化与社会生活的故事，又翻译成西方语言的人文叙事语汇和话语，都不能不加以小心，因为它们实际都不是用中国话讲中国故事，而是布满了扭曲中国故事的陷阱。一旦对这陷阱有了警觉意识，"让中国故事说中国话"或"用中国话讲中国故事"，就自然而然必须是用一种中西互鉴的阐释话语，要区别出：不像西方故事讲超绝主义与二元主义，讲隐蔽的一神，讲绝对原则与个体至上，中国故事讲的是"以关系为本""以道为本"，张扬的是"一多不分"天地人、"格物致知"、通变思维以及崇尚"中和"。这是"大道至简"，是在与西方故事的互鉴中，梳理出一切中国故事之中贯穿的"以关系为本"或"以道为本"的红线。

要用中国话讲中国故事，就必须纠正不对称的话语，也就是必须扭转以讲述西方超绝主义、二元主义故事的"一多二元"话语来讲中国故事，把中国故事讲得不伦不类的局面。所谓"不对称话语"，就是"名不正言不顺"，就是用西方思想观念、理论构架、话语法则，胡讲中国故事，相当于用"鞋拔子"把中国思想文化传统的"脚"硬塞到西方的"鞋"里去，将中国事情扭曲为西方版本的东西，把中国"一多不分"的故事变成一个类似西方的"一多二元"故事，结果成为一个让中国面目全非的叙事，一个非中非西的东西！这种不幸的不对称话语普遍流行于中国之状况，自近代以来，西方话语的强势东渐，迄今仍是有增不减，构成强大的对社会起桎梏作用的混沌意识。正是这个状态，使中国人离自己的文化渐远，陷于文化彷徨泥潭；它才是中国失去话语，处于难以讲出中国自己的故事、难以讲清中国自己的事情的被动局面的缘故。结束不对称话语横行的状态，建设中西互鉴阐释的中国话语体系，当是今天中国人回归自身语义环境，重新搞懂自己，把自己的故事讲通、讲明白的关键。

"一多不分"点滴

一位中国学员说："一多不分"使我明白中国文化该如何去传播。整体上，我感到安乐哲授课有深度、有质量，让人学到很多本质性东西；田辰山授课具备国际视野，以儒家和谐思想为核心。这样的比较哲学让人耳目一新，令人折服。

一位中国著名研究员在"安乐哲、田辰山新书座谈会"上发言说："一多不分"和"一多二元"中西哲学的根本差异，决定着不能简单以西方文化价值标准来评价、衡量中国文化，它揭示了对外文化传播中出现附会式话语并导致严重误读的问题根源。安、田两位著作的出版，适逢其时，对涤荡错误认识、弘扬正能量，讲好中国故事、推动中华文化走出去，改善全球治理、共建人类命运共同体，实属善莫大焉之嘉事。

我的体会：＿＿＿＿＿＿＿＿＿＿＿＿＿＿＿＿＿＿＿＿＿＿
＿＿＿＿＿＿＿＿＿＿＿＿＿＿＿＿＿＿＿＿＿＿＿＿＿＿＿＿
＿＿＿＿＿＿＿＿＿＿＿＿＿＿＿＿＿＿＿＿＿＿＿＿＿＿＿＿
＿＿＿＿＿＿＿＿＿＿＿＿＿＿＿＿＿＿＿＿＿＿＿＿＿＿＿＿
＿＿＿＿＿＿＿＿＿＿＿＿＿＿＿＿＿＿＿＿＿＿＿＿＿＿＿＿
＿＿＿＿＿＿＿＿＿＿＿＿＿＿＿＿＿＿＿＿＿＿＿＿＿＿＿＿
＿＿＿＿＿＿＿＿＿＿＿＿＿＿＿＿＿＿＿＿＿＿＿＿＿＿＿＿

第二节

跨文化讲述： 方法与途径

中华文化不是把"人"设想为不可改变本质性的（beings），而是人人是联系不分的"做人过程"（becoming）。

西方学术考察问题的方法始于与经验无关的形而上学抽象，从假设出发。中华文化传统考察问题的方法是从某一问题出发，从获得一种与此有关方面网状交织关系的角度上下功夫，既去看与人的相关又去看与情势的相关。其实表达这种方法论的常用语是：不搞"盲人摸象"或"只见树木不见森林"；不虚构一棵独立树木是长在空中的。

——安乐哲

一、中西长期上演《三岔口》

中国应采取什么样的跨文化传播策略和有效实践？这是中国未来发展和命运无法回避的问题。它的解决伴随中国和西方长期上演《三岔口》纠结的尴尬局面，变得越来越迫切。中国京剧《三岔口》比喻的情势是，双方都感觉到对方的存在，却由于处在黑暗中互相看不见而只能茫然、怀疑、猜测地向对方摸行。产生这种情势的原因是，中国人和西方人之间基本存在一种难以意会、不易言传的东西，它是二者各自宇宙观、思维方式、人生观乃至语言上的结构差别。它是在一般具体的语言情势场合，人们不容易察觉的差别。确切些说，它一方面是西方人心灵深处下意识处存在的一个超绝实体主宰的宇宙及由此形成的二元对立、单向单线思维结构，另一方面是中国人头脑中道与万物的自然宇宙及由此形成的通变互系性思维结构。这种情形为中西两个思想传统之间的结构差异，它导致方方面面的中西互为暗处的大量问题，致使中西互相看不清对方，不断上演《三岔口》。直到今天，中西的接触仍然停留在满腹猜忌地向对方摸行接近之中。隐藏于双方文化传统暗处的结构性差异，一天不得到明察，双方就一天处于彼此两眼一抹黑的状态中。

被动是双向的不恰当：一个是以中国思维方式看待西方概念和事物——西方什么都是好的；另一个是以西方概念标准衡量评判中国——什么都是不对头的、不顺眼的。一个人看不起自己，心理状态不恰当，缺少起码的自信、自尊，能不被动吗？

"不识庐山真面目，只缘身在此山中。"只有走出去，达到知彼，再回头看自己，才能知己。这就是跨文化比较的逻辑：做到知己知彼，知道西方文化是怎么回事，也知道自己文化是怎么回事，非做到中西双向理解不可！

最先把中国思想文化介绍给西方的是欧洲传教士；他们的目的是把西方的唯一上帝思想带到中国，在这个过程中把中国思想传统附会到欧洲宗教体系中。在以传教士为先驱编纂的词典中，"天"作为"Heaven"，"义"作为"righteousness"，"道"作为"the Way"，"礼"作为"ritual"，"孝"作为"filial piety"，"仁"作为"benevolence"，"理"作为"principle"，等等，统统变成了西方宗教或形而上学的词汇。西方将中国思想解释为西方那个体系，但与西方比是低一等的。西方东方主义视野的中国，是暴君政治、神秘落后、愚昧原始、停滞不前的；这套话语词汇带有浓厚的后殖民主义色彩。后来，中国人在近现代翻译西方思想时开始将此套话语运用到中国的现代语言中来。中国思想文化用西方话语讲述，明显结果就是自己被曲解，沦为西方施展话语权的对象。直到今天，人们想到西方书店寻找中国哲学书籍，在哲学类找不到，须到东方宗教类去找。按西方学术分类，中国思想不属于"哲学"（philosophy）。大多西方大学哲学系没有设置中国哲学课程，学习中国哲学须到"宗教系"（Religion）或"亚洲系"（Asian Studies）去。

二、文化纱幕至今阻碍中西相互理解

中西比较哲学研究表明中西哲学结构差异的重要性；中西哲学结构差异就是中西之间相互隔绝的文化纱幕。本人参加过为数不少的文化问题国际学术会议；在这种场合，中西学者真正实现在某一观点和学术问题上对话的概率极低；绝大多数情形是中外学者各说各话，互不知对方所云。中国的人文学术，一般不可以被翻译为英文在西方发表。《易经》《论语》《道德经》及各种国学典籍、传统民族精神，一旦翻译为西方文字，不过是权宜之计，因为西方文字并不具有准确翻译中国思想的功能，"一多二元"的结构决定着它不能实现把中国介绍给西方的目的。中西的文化纱幕难以逾越：它是下意识的，无时不在却看不见摸不着，天天在误会，天天制造混沌状态。文化纱幕也即西方的"一多二元"和中国的"一多不分"。对西方思想传统来说，"一"是上帝概念，是超乎人类经验的"一"；

"多"是呈现为独立个体而互不联系的宇宙间一切物;"二元"指"一"与"多"（或神与人）之间单线、单向主宰和对立的关系,也指一切"个体"之间孤立与对立的关系。宇宙是由超绝的"一"对万物外加的法所设定的秩序。

中国有自己的一套"一"和"多"的话语。"一"（"道"或"理"）为自然、社会万物、人与人之间相通、互变、不可分割的延续与互系。"道"或"一"不独立于"多",而是内在于其中,所谓"一多不分"。因此,西方与中国要达成彼此真正的理解,双方都必须搞懂"一多二元""一多不分"两个结构,并通过它们来看问题。西方搞不懂中国,因为它用西方话语讲述中国,是把西方结构强加给了中国。中国的事物只要用西方话语去讲述,就被扭曲,变得不顺眼。而中国甘愿用西方的话语讲述自己,就成了许嘉璐先生说的:跟着施特劳斯圆舞曲跳中国大秧歌,不伦不类! 而一旦搞懂"一多二元"和"一多不分",人们会发现什么? 会发现许多历来我们所认为中英文对等的词汇,都是风马牛不相及!"民主"与"democracy","人权"与"human rights","自由"与"liberty","个人主义"与"individualism",等等,在意义上都对不上号。英文这些词汇都是以上帝为起因而派生出的意义;而中文词汇却与上帝毫不相干! 长期以来,西方用"rights"判定中国,中国用"人权"比附"rights",双方陷入的其实是个泥泞的沼泽误区。

迄今为止,中西基本上尚未认识到二者的大量误会来自宇宙观、思维方式、价值观和语言这四大文化范畴的结构差异。因此,但凡中西各自语境的理念,一旦进入对方的语境,都变得如同陌路人一样,不再与"家人"相认。西方讲的中国不是真正的中国,中国学习的西方不是真正的西方,事情就是如此发生的! 中国人阅读西方人关于中国问题的学术著述时,发现大部分别别扭扭,甚至是"满纸荒唐言"。从中西比较哲学的高度,对哲学和社会科学界的这种现状就看得明确,看得透彻;没有这个角度,就无法意识到西方理念在中国已经变成陈词滥调,中国现实已变成用西方人文社科理念附会和胡说的对象。对此,许嘉璐先生还有个比喻:中国哲学今天的角色酷似贾府怡红院的小丫头。他甚至提出,我们得了食洋不化的毛病,传统文化被戴上了镣铐。今天该是甩掉这个镣铐的时候了。

"一多不分"点滴

　　一位中国学者说：中国文化面对西方哲学和各种社会理论，较长时期陷入"失语"状态。"一多不分"使中国文化的精要和系统性都得到有力的揭示，也使我们自己逐渐找到了把握传统文化的方法和路径。

　　一位中国教授说：加强世界多文化意识，需抓住中西两种不同文化背后的结构性差异，这才是了解两种文化差异的关键。从中西比较哲学的视角来研究中国文化，可以说已成为一种有效的方式，让我们可以提纲挈领地了解中西文化最根本的差异。了解了不同文化背后的结构性差异，我们才能看清自己的文化，并找出现实社会生活中种种现象背后的原因，这是我们向外国朋友介绍中国文化和社会的前提和基础。

　　我的体会：＿＿＿＿＿＿＿＿＿＿＿＿＿＿＿＿＿＿＿＿＿＿＿＿＿

＿＿＿＿＿＿＿＿＿＿＿＿＿＿＿＿＿＿＿＿＿＿＿＿＿＿＿＿＿＿＿＿＿

＿＿＿＿＿＿＿＿＿＿＿＿＿＿＿＿＿＿＿＿＿＿＿＿＿＿＿＿＿＿＿＿＿

＿＿＿＿＿＿＿＿＿＿＿＿＿＿＿＿＿＿＿＿＿＿＿＿＿＿＿＿＿＿＿＿＿

＿＿＿＿＿＿＿＿＿＿＿＿＿＿＿＿＿＿＿＿＿＿＿＿＿＿＿＿＿＿＿＿＿

＿＿＿＿＿＿＿＿＿＿＿＿＿＿＿＿＿＿＿＿＿＿＿＿＿＿＿＿＿＿＿＿＿

＿＿＿＿＿＿＿＿＿＿＿＿＿＿＿＿＿＿＿＿＿＿＿＿＿＿＿＿＿＿＿＿＿

第三节
中华文化的自信从何而来

中华文化不以"一己主义"为价值（随之而来的是自由、平等、理性、自主、一己利益、私人、民族国家等价值），而是以活生生、攸关生命的关系作为价值。前者导致零和的暂时性规则，后者关注长远双赢规则。这样不同的文化价值、企图和行为，导致了不同结果。

——安乐哲

　　文化交流与文化的自觉和自信是一个整体。交流是自觉和自信的延伸，需要自觉和自信做基础。可以说，没有自觉和自信，谈不上交流。因为交流的基本意义是互通有无。有在先，才能通无。而有从哪里来，就需要一定的好坏、利弊、正面与反面的标准，经过理性的审视自觉发现逻辑。手中有，才生自信，才能谈及交流。如果自觉不是理性的，发现不了中华文化的有，延伸出来的就不是交流，而是"西化"了。那就属于另外一个问题了，是需要从"西化"的角度认真研究了。向西方学习、文化交流、现代化、西化在意义上虽然很容易互相游移，但毕竟不能混为一个概念。在学术上，在不同意义上游移是一种偷换概念或者推理的短路表现。另外，交流是需要位置的，自己有就是位置。对自己的文化抱虚无感，就找不到位置，就会处于局促不安、尴尬不适、常处被动的精神状态。交流中包含着政治，也即，交流需要平等，没有平等，也谈不上交流。从中华文化与外国文化的交流来说，需要经过理性自觉，产生理性自信，在此基础上怀有平等意识。自惭形秽是不会有交流的。

　　我们现在面临的是"经济全球化的进程"。我们必须看到，"在经济全球化进程中，国际经济竞争会进一步加剧。由于历史和现实的原因，发展中国家在竞争中总体上处于不利地位。中国和亚洲其他发展中国家一样，都面临竞争的压力。对我们发展中国家来说，重要的不是相互竞争，而是如何扩大相互合作，以更好地应对挑战。"从文化方面，我们也应当看到，伴随经济全球化，文化单元化的特点也越来越突出。所谓文化单元化，就是商业文化占领社会生活的一切方面。不仅仅一个社会如此，文化单元化在全球越演越烈。况且，交织在其中的是在一个文化上全球西化的进程，特别是美国化。

　　在全球文化西化、单元化的过程中，一个令人担心的现象就是少数人鼓吹的文化冲突论。也就是说，经济全球化进程中潜藏着一种有意识进行的强势文化对弱势文化的战略和征服全球的企图。

应该说，经济全球化过程给各个民族、国家和地区的文化带来了史无前例的接触和交流机会，世界应当出现异彩纷呈、文化多元的局面。但是在国际文明冲突和政治霸权诉求存在的文化中心主义大环境下，人们不能不开始思索过去被忽略的问题，那个从第一次中华文化自觉运动遗留下来至今悬而未解的问题：难道中国文化真是用"封建"和"旧文化"两个标签就可以完全否定的吗？民主、科技发达的"高势能"文化真的优越、高贵，中华文化真的卑贱和低下吗？如果不是，那么中华文化值得发扬和保持的是哪些方面？必须抛弃的又是哪些方面？另外，有些科技发达、高度民主化的国家，为什么对外总是穷兵黩武而毫无民主可言？这种一百多年前的行径在今天是不是已经发生了本质的改变？这些问题不研究清楚，中华文化就不会深刻自觉，就不能产生应有的自信，而缺乏文化自觉和在它基础上的文化自信难免要走向文化的自残。

一、自觉和自信

中国要向西方学习是毫无异议的。中国不能失去文化自信，也应是确定的。然而学到什么程度才算是不失掉自信？为了坚持自信，中国文化又有什么值得我们坚持和自信的呢？其界线究竟在哪里呢？可以说，这两者之间的掌握是最难的。然而，尽管难，但是不能没有，不能不做。可以说，寻找和确定这个程度本身，实际上就是一个文化自觉的过程。

是什么使得中华文化对自己缺乏了信心呢？据说是在中国传统文化，特别是儒家思想中找不到科学、民主、法制、自由竞争和个人全面发展的思想，与今天市场经济的现实不相适应。为什么找不到？因为儒家思想是一种开放的思想体系，而现在讲的所谓"科学""民主""法制""自由竞争"和"个人全面发展的思想"的概念都是封闭概念。什么叫封闭概念？就是绝对概念、限定概念，缺乏相对性，在现实生活中无法实行。因为现实生活中的科学总是有目的的，民主总不能是极端的，法制总是被动的，自由竞争总是受规则约束的，个人全面发展总是有具体内容的。任何概念到了现实当中都需要有它的对立面，来建立相对性。任何具体场合都是如此，不管中国还是外国。如果其中有一种概念，可以脱离现实，可以是灵丹妙药，放到哪里哪里亮，那就是神话。为什么西方思想中有，而中国传统思想中没有？这需要从中国和西方两种不同的思考方式上去说。

西方主流思考方式是自古希腊遗传下来的一个超绝的本体宇宙观。根据这个宇宙观，世界后面有个本体的东西在操作。世界在按照一个单一秩序运动，按照具有先验目的的直线轨道前进。对这种思考起主导作用的是一种二元论，也就是说，它将自然与人、时间与空间、精神与肉体、本体论与认识论等，都最终地对立、分隔开来。而儒家或者中国传统的世界是"自然"的，也就是自己然也。世界万物之中是互系的，不断的或连续的。这样一来，看待世界事物的时候，中国思想先进入人的意识的是事物之间的互系性和连续性，而西方思考先进入人的意识的是事物的对立性、分散性、割裂性或分离性，进而是冲突性或不相容性。

应该说，整个孔子及儒家思想体系都建立在一个具有互系性的思考方式上。孔子"仁"的观念后来成为中国古代政治哲学体系的基石，要实现的是一种人和社会的适当互系，即人与人都把对方当作人来看待和尊重的正当关系。这是一种朴素的人与人的平等意识。

正因为中国思想认为世界万物具有互系性，才产生出它追求和谐的倾向。世界万物的和谐，既是天事也是人事的，也即人和自然、人与人之间的。天人合一是儒家表达这种互系思考方式的一个明确概念。这对西方人与自然对立以及割裂的思考形式来说，是显明的对照。在今天全球环境呈现空前危机的时刻，孔子及儒家思想具有紧迫的现实意义。今天，儒家思想对人事和谐的追求和人与人平等的朴素思想，则可以启发我们在理顺社会内部不同社会族群、阶层、个人之间，甚至民族与民族的关系上，从一种寻找正常适当的关系方面思考，也是十分现实的。

孔子思想的纲常礼仪，不是一种单线式的统治阶梯关系，而是一种以仁为根本基点的正当互动关系。它包括内部关系和外部关系。所谓道德是万物互系意义上的，是人在认识和处理人事互系方面所达到的程度，也即"德道"了没有。道德高的人对互系认识范围大、程度深，不仅能认识和处理个人、家庭、社会关系，还能认识和处理国家和国家、人和自然的关系。一切关系在他手里都能根据时间、地点、情势的具体情况获得恰当对待。道德的反面就是不合天理和违反纲常，是破坏人和自然、人与人之间应有的正常关系。自然拥有养育人类的资源，人类的不正当处理，对自然资源进行不适当的滥用和浪费，自然就会危及人类的生存。人与人是平等的，是互相支持生存的关系，如果不正确对待而导致一部分人对另一部分人采取不平等的态度，把另一部分人当成对立的、攻击的或者攫取利益的对象，那么人与人之间的关系就不适当，就会由互相支持生存转化为互相仇视、互相恶斗，出现人残杀人的现象。

所谓仁、义、礼、智、信、忠、孝，是正当天事人事关系的具体处理执行，是在具体范畴中表现的个人对互系的认识和处理。一个简洁的道理就是中庸之道。中庸包括正、适、合、中、时、当，它们是从各个角度和范畴对中庸的阐明。反过来说，就是"不偏不倚"和"过犹不及"。这不是一种庸俗的骑墙立场，而是说，处理天事人事，如果做过了头，太过分，就会适得其反。现今时代追求金钱、追求富有、追求享受、追求实力的单一倾向，是自由经济和自由竞争的绝对化表现。这种把人类社会的悠悠万事，都绝对化地归纳为这一个单一概念，致使社会生活的一切方面都被作为"市场"进行操作。加之这样一种机制再不伴以道德理念的协调，人与自然的关系、人与人之间的正常关系必然出现极大的危机。现在的问题不是传统思想不符合现实需要，而是现代化、科学、民主、金钱、实力的实现，要么完全置道德观念于不顾，要么以道德对它们进行平衡。对社会总体来说，脱离道德越远，一切努力就会越适得其反。因此，建立起一定的社会道德体系，在中国改革开放进入目前的现实阶段应该是当务之急。

儒家思想的所谓内省和修养是对天事人事互系的内心认识和心理调整的过程。这过程贯穿于人的一生。人需要随时调整自己以适应人事天事的正当关系。这种过程就是人性的发展过程。所以人性在儒家那里不是不变的绝对概念，而是一个变化过程。现在人性恶的观点被当成唯一正确的认识而十分流行。它的逻辑是，人性生来就是自私的，而自由经济是依靠人的自私展开的；儒家思想讲为富不仁，是违背人性事实，甚至泯灭人性，为现在的发展所不可取。

　　人性究竟是善还是恶，其实是个哲学上一直莫衷一是的问题。人性善恶与其说是学术问题，不如说它是信仰问题更合适。信仰人性善的人可能会以好心待人为原则。信仰人性恶的人可能会怀疑任何好心，骂它是假正经，奉行待人为恶的原则。在一个奉行人性恶的社会，信仰人性善的人经常是受害的首当其冲者。所谓"害人之心不可有，防人之心不可无"就是如此而来。它表示好心人往往觉得活得太累而生活的信心不足。其实儒家思想既不是人性恶论也不是人性善论。儒家既有人有不忍人之心，也有性相近、习相远的观点。也就是说，人性不是天生的，人的行善还是行恶，取决于后来的德行，也就是他认识人事互系和对它的处理所能达到的程度。这种认识至今我们也不能说是不全面和不符合实际的。也正是在这个意义上，儒家十分注重教化，相信人性不是天定不变的。如果把人性恶、自私性、各种肉体和心灵欲望、弱肉强食等邪恶的品质作为一种抽象的、人性的万古不化的条律信奉，认为使这些邪恶品质获得充分发展空间，才是所谓"个人的全面发展"，才是人道，才算提倡自由，才能发挥人的最大能动性，那么它将是一种脱离人性和道德的能动，或者说是"异化"的能动。

　　从简单化的思考方式中跳出来，会使人发现"自由""民主""人权""科学""现代化""自由经济"和"全球化"的概念需要道德体系的支撑才能完整。西方的现实和中国市场经济的发展情况都表明，法制虽说不可缺少，但单纯依靠法制是远远不够的。法管人毕竟是被动式。

　　今年新闻报道了两件发生时间差不多，地点分别在中国和美国的类似事件。一件是南京一大型百货商场内赫然出现以人的舌头、臀部等器官为模型做成的"人体家具"。另一件是以自由派校风著称的加利福尼亚州伯克利大学所办的性学和赌博发牌课程。

　　这两件事情说明，现代概念之下的自由达到绝对化的程度，是中外存在的共同问题。当然在不同文化的社会，在什么程度上将它当成问题是不同的。一切现代理念在任何条件下都不是绝对的，都是有界限的。没有界限就是物极必反。某个个人的极端自由化实际上构成了其他人的不自由。然而界限在哪里，则又是一个在抽象和绝对意义上无法划定的难题，但在现实生活中又是必须划定的问题。而恰恰中国的传统思想能够让我们避免绝对化的倾向，提供了在现实中具体问题具体分析的思想方式。

　　传统思想阻碍了中国科学发达吗？一个反驳的简单事实就是，以儒家为主导的古代中国曾产生出灿烂的科技成就。曾经在批判传统文化的五四运动时是一名新文化倡导者的胡适，经过在美国多年的实际生活，感悟到传统思想中存在科学精神。为回应西方学者提出的"西方发展了自然科学，而东方没有"的论点，胡适撰写了《中国哲学里的科学精神和方法》。然而，西方的科技为什么在近代超过了中国？这不是简单用中国传统思想"封建落后"就可以回答的问题，它牵涉着发展科技是为什么目的的复杂因素。西方学者在这个问题上做了大量研究。研究说明，西方科技的发展史是与帝国主义、殖民主义发展史联系在一起的。丹尼尔·海德利克指出，对一项项的科技发展的技术与社会经济背景进行单独解释是最容易不过了。为什么发明这些科技？为什么它们被帝国主义分子使用？科技发明一般都是在工业革命的语境中解释的。这样可以解释具体新科技的发明和制造，却不能解释它们被转移到亚洲和非洲去使用的目的。后膛炮、机关枪、汽船和轮船、奎宁及其他发明所起的作用是降低对新殖民地的渗透、征服和剥削在财力人力方面的成本。帝国主义出现了如此之大的效益，甚至不仅国家政府而且规模小些的集团都能在其中扮演一个角色。

　　如同产生出今天的科技成果，西方传统产生出它的民主概念和法律制度，也是与西方历史、文化、社会原因的深刻性、复杂性分不开的。这是发展中国家不能不仔细研究的课题。至少目前可以说的是，西方的民主和法律制度产生的历史、文化、社会原因，是无法与中国的历史、文化、社会背景进行简单平行式比附的。不少西方学者也在探讨西方民主方式存在的缺陷和问题。至少一个获得比较广泛同意的问题就是金钱在"民主"操作中的重大作用。对这种情形的一个流行说法是"金钱说话算数"（money talks）。而民主一旦由金钱操作，其实质就很难是理想的那种"人民做主"意义的民主。这也可以算是西方学者的文化自觉吧。出于西方社会存在的许多问题，西方学者们也在借鉴东方的思想（当然这不是我们今天的话题）。一些学者经过研究认为儒家思想和中国古代政治具有深刻的民主成分。民主的内容是丰富的、具体的，形式可以是多种多样的。应当将民主看作人类在不同历史、不同文化和不同社会条件下共同的智慧结晶。将民主概念专利化是国际社会商业化在国际政治上的反映。任何民族都有自己的民主经验。民主概念不可能在社会现实中孤立地存在。任何社会如果在操作上没有一定的民主成分，都是不可能维持下去的。

孔子及儒家思想的互系性思考方式和内省修养的观点，确定了儒家传统是一个开放的体系。实际上，中国的改革开放举措是它具有开放性的最好证明。开放之前，应该说中国知识分子和中国领导人具有的基本上是中国传统文化熏陶下的思维方式，而对外国的市场经济及其一套理念都是开放的。不仅如此，可以说几乎在每一个中华文化与外国文化接触的历史机遇，中国表现的都是这种胸怀。即使同西方接触的经验保留了不愉快的记忆，中国的主流传统仍不否定应当向外国学习的理念。尤其到近代，中国有一系列关于西学东渐的学术来反映这种胸怀。直到今天，我们现在这里的中华文化论坛的"文化自觉与社会发展"主题，表达的也还是这样一个态度。

其实，社会的发展一直伴随着一定的市场经济活动。中国历史上，尤其是近代以来都出现了许多杰出实业家，他们不仅实业做得好，而且是儒家思想的积极奉行者。他们在选择行业、生意实践、管理之道上都有一套遵循的行业道德、社会公德，融合了儒家的思想。许多人还把获得的效益回馈社会，以此作为道德的实践。儒家思想与市场经济活动的结合，在中国产生出许多市场经济之道的格言和准则。这些情况都说明，儒家思想是可以与市场经济相结合的。

但是如果非要说儒家思想体系不适合市场经济发展，有一个界限需要明白，那就是，像现代化、民主、自由、人权、科学、全球化等的所有现代概念一样，儒家思想不能失去人与人适当的平等关系，不能置道德于不顾，不能任凭不理性的心理所驾驭，使它们失去平衡和相对性，导致人类与人类、人类与自然之间关系的平衡被破坏，影响成千上万人的生存和未来。中国改革开始时的初衷是不能违背的。中国所做的是开辟一条新道路，而不是返回恶性循环的人压迫人、人剥削人的陈旧模式。中国要发展，生产力要发达，但不会扔掉道德、失掉平衡。这条道路是实际的、宽阔的。现在要做的应当是积极采取措施，建立社会的道德机制，约束市场经济发展中出现的道德缺失引起的不平衡和混乱现象，使市场经济朝着更健康、更成功的道路发展。

　　对中华文化的理性自觉会使人意识到，中华文化是不能用"封建"和"旧文化"两个标签简单地完全否定的。西方的文明也不是"民主""科技"两个标签可以简单地概括的。中国人对自己的文化产生信心有三个最基本的理由。第一，中华文化有一个互系性的思考方式。它让我们总是寻找事物的两方面，求和谐、求平衡。这是祖先传下的法宝。它让中华民族智慧、敏捷，立于不败之地。第二，中华文化是一个道德体系、人道体系。它告诉这个民族，命运在于它自己，而不在上帝，更不在别人。道德在人的身上，神奇在人的身上；人存在，它们就存在。第三，中华文化是个开放体系，最能与时俱进，最能包容、自重。它的内涵像大海一样深广。这都是与西方文明形成明显对照的特质，是中华文化自信的基本点，也是可以与西方文化交流、互补的基础。对西方文化，中国有很多地方需要学习，然而有了这个基本点，就可以更自觉地学习，更明确学什么。从文化角度，中国不比任何文化低下和卑贱，没有理由自惭形秽。

　　这里需要补充一个很重要的观点，那就是，虽然从中华文化互系思考的角度出发，一种思想或理论正确与否，靠的是实践，但是在进行历史总结的时候，需要把思想与奉行和运用这种思想而产生的效果分开来看。不能把奉行执行某一思想过程中产生的过错看成思想本身的过错。特别是对待像儒家思想这样具有几千年历史的传统。一个文化、思想或者社会理论，即使本身是严密的、正确的，但因为它要面临无法计算的、随时活动的变量条件，到了执行人和奉行人的手里都会一个人一个样。这是具体情况具体对待的原因。另外，还有真奉行还是假奉行的问题。所以，尽管五四运动的批判传统有一定的必要性和积极性，但是如果进行认真的文化自觉，将清朝政府的腐败没落看成中国文化传统的过错，则是一种不理性的简单化思维。将整个中国文化传统冠以"封建"标签进行全盘否定，与将整个西方文化冠之以"科学、民主"，是同样简单得不能再简单、草率得不能再草率的思维。对于如此庞大、复杂的文化，这样一两个抽象、绝对的概念，其局限性之大是不可想象的。中华文化的自觉运动不能停留在一百多年之前的水平。经济全球化的世界环境为中华文化带来了史无前例的与外国文化接触和交流的机会，也为中华文化深刻了解外国文化、认真思考过去的文化自觉运动遗留的未解问题、深化对本文化的自觉创造了最好的历史条件。

二、交流

首先是交流的可能性。交流的可能取决于接触机会的多寡。目前中国改革开放的国际环境尽管是激烈的经济、政治、文化竞争，但也是中华文化自觉、自信并与外国文化进行交流的大好机遇。经济全球化的趋势造成各民族文化不能不接触的局面。不进行文化交流不仅不可能，而且是没有自信的表现。尽管有些国家极力推行国际政治单极化、文化单元化的全球战略，但世界形势的发展是否真能朝着这些国家设计的那样发展？恐怕还是逃不出按照中国传统世界观和思维方式所能预料的规律，即物极必反。而借着经济全球化进程中民族国家之间的广泛接触，进行文化交流，深化对西方文化的了解，促进文化自觉的深化，取得经济、政治竞争的成功，则是势在必行。

其实，如果说中华文化有什么应当抛弃的方面，则正是这种简单化、好走极端的思维逻辑。这一文化历史的缺陷其实是中国文化传统博大精深特质的一个反映。因为中国互系性的思维方式把世界一切事物都看成互系的，这使得人们在设法纠正某一具体范畴或局部偏差的时候，往往有把它和整体体系相联系的倾向，产生"过犹不及"的扩大范畴或超出局部的逻辑。尽管中华传统思想最重视事物两端之间的度（也即中庸），但适度（具体问题具体分析）又恰恰不能是什么统一简单的标准或尺码，这就造成看待和处理具体事物过程中掌握适度的艰难，特别是在本身就已十分复杂的社会文化问题上。这是中国思想传统反复强调三省吾身、三思而行、格物致知等观念的理由。一种思维逻辑以其开始的起点可能具有合理性，但一旦这个逻辑延伸扩展以至于超出不适当的范畴或局部，就失去其合理性而变为极端性，就必然表现出形式上的极端。一个有趣的现象就是，在不同特定条件下走极端的倾向往往发生在同样的某些个人身上。但是应指出，走极端不是中国传统思想的过错，而是个人思维欠缺深度所致。西方主体思维互系性不强，在某种意义上则是较少发生好走极端倾向的原因之一。中华文化要实行对外文化交流，首先要克服思维的简单化逻辑倾向，加强理性和细致的分析思维。

纠正了简单思维逻辑，才能有对中华文化传统认识趋于适度和实现对文化传统的合理、准确估计，才有可能认识到中华文化的强势所在，因而产生出文化自信。文化交流首先需要的是有这样一个正常心态，而不是那种扭曲自我的心态。经济贸易有一个底线，就是无缘无故的亏本生意不做。正常心态就等于文化交流也保持一个底线，就是保持中华文化本身的好坏、利弊、正面与反面的标准，也是保持中华文化的世界观、思维方式、社会实践活动以及由此发源的价值观念体系。我们没有理由抛弃它，因为它是中华民族的灵魂所在、维系所在、自信所在。像任何一种需要生存下去的文化一样，中华文化需要用自己的标准看待自己，因为中华文化没有理由不采用自己的标准，而用别人的标准看待自己。文化交流如果不采用自己的标准，等于是自己扼杀自己的灵魂。亨廷顿在《文明的冲突》一文中曾说，"西方现正处于权力顶峰。它的超级对手已从地球上消失"，"西方的军事力量是无敌的"；一些国家"在文化上具有相当的同质性，却对自己社会该属于哪个文明莫衷一是。它们是精神分裂的国家"。这很值得我们深思。

可以说，任何交流都是以自己的标准为前提的。自己有什么、缺什么都是建立在自己的标准之上的。文化交流不是基于用自己的标准看待自己，也等于是撤销了文化交流的前提，从本质上到形式上都不可能是交流。我在网络上曾读到一位名叫老田的学者的一段话："从中华文化的本来面目去认识中华文化，在今天反而成为一个独特的角度。……中华文化的核心和源流均与西方文化绝不相同，而且形成鲜明的对照。但是现代新儒家却热衷于去'会通'中西文化，甚至怀着'小妾争宠'的心态，试图用西学来证明中华文化的意义和价值。不幸的是，中华文化所主张的人生道路与西方基于丛林法则的人生道路针锋相对，刚好无法从西学得到任何程度和性质的证明。"老田指出三点：一是看待中华文化不以自己的标准看待自己；二是在用西学证明中华文化问题上出现的"小妾争宠"现象；三是"仁义道德"的中华文化的人生道路与西方的"丛林法则"人生道路的意义和价值的无法互相证明。本人认为他的话是有深度的。因为他简洁地说明了基于对传统文化认识的适度思维，至少西方丛林法则的人生道路不会比儒家主张的人生道路更可取。仅此就可是产生文化自信的一个基点，文化自觉就至少没有理由引导中国人一定抛弃自己文化的人生道路，而采取丛林法则的人生态度和由它派生出来的西方好坏、利弊、正面与反面的标准和价值体系。如果中国人一定要刻意抛弃中华文化的人生道路，会是一种什么情境？一个追求与社会和谐相处的人所拥有的坦荡胸怀，被代之以一种伺机抢掠别人、时时提防别人剥夺的人生态度，不是丢掉了的灵魂又能是什么？而老田那种"小妾争宠"的比喻，不也是一个灵魂失去自我状态的形象写照吗？

进行文化交流首先需有自己的立脚点，而克服简单逻辑，看到文化传统的长处，产生文化自信并确立从自己文化派生的好坏、利弊、正面与反面的价值体系标准，也就是有了文化交流的立足点。从立足点出发，就会产生文化平等意识的诉求，进而开始寻找具体实施交流的平等条件或均衡势态。因为文化间如没有平等和均势条件，就不会有真正意义的交流。寻找交流的平等与均势包含确定交流对象的问题。交流对象最好是思想开明者、心怀善意者。如果交流对象是个狭隘、偏激的种族主义者，交流很难发生，甚至出现的会是冲突。

文化的交流目的包括两个，一个是增进对其他文化的了解，一个是让其他文化了解自己。两个目的实现了，两个文化之间的正常关系也就有了起点。所以确定了交流的对象之后，更要确定向对方了解什么和让对方了解什么。确定向对方了解什么是为了确定向对方学习什么。而最根本的是了解其他文化传统的世界观、思维方式、社会实践，以及一整套价值体系（或说判断是非、好坏、正反的标准），然后与中华文化的体系对照，在比较基础上加深由此派生出来的对复杂社会文化现象的认识，从而确定对方文化对中华文化真正有价值的东西，同时也确立了交流的接近点，找出让对方文化了解自己的方法；这样的交流又反过来深化对自己文化的自觉，增强对自己文化的自信。例如，了解西方文明的关键问题是理解：

一个科技发达、高度民主化的国家，为什么对外总是穷兵黩武而显得毫无民主可言？其文化的内涵究竟是什么？而这种社会文化是否真的可以用"科技""民主"来概括？它科技发达和民主概念产生的复杂历史、社会、文化背景到底如何？它一百多年前的帝国主义和殖民主义行径在今天是不是已经发生了本质的改变？如果真的改变了，是如何改变的，它改变的背景和过程是怎样的？此外还有许多其他与中华文化有明显差异的问题。直到搞清了这些文化的问题，我们才算是达到一种对自己文化的自觉也很深刻的程度。除此之外，我们任何所谓"自觉"都会不可避免地带有盲目性。

人类永远是生活于矛盾之中的。中华文化的夙愿，就是要强大起来。这还是一百多年前的那个夙愿，那个被残酷的国际竞争环境逼迫出来的一个夙愿。如果不强大，在这个丛林法则主宰的世界，就没有立身之地。

一百多年后，今天国际竞争仍然是激烈的。激烈的竞争背景造成不同区域、不同民族、不同国家的交流必然是个复杂的过程。而文化交流是比贸易更具深度的交流。交流总是与竞争交织在一起的，竞争中存在交流，交流中贯穿着竞争。这种情况也确定了在交流与竞争之间寻找不定模式的难度。然而，中华文化的国际交流前途是充满希望的。尽管根据现时的国际情况，似乎军事的强大可能会支撑文化上的战略强势。但是从长远观点看，真正的力量在于文化本身，在于文化的博大精深。中华文化的特质是追求和谐、追求平衡。它把命运背负在自己身上。它是个开放体系，最能与时俱进、包容自重。中华文化本身的特质确定了中国不会把任何人当作对手，不愿意同任何人出现对抗，也从来不想树立心理上的假象敌人。伴随着经济的发展和经济全球化的进程，中华文化走出了国门。世界需要中华文化，中华文化必然在与世界的交流中更显现中华性，也因此更具有世界性。中华文化一定会通过交流，在全球的广阔舞台，展示自己的精华，为创造一个和平稳定的世界做出贡献。

"一多不分"点滴

一位中国学者指出：比较中西哲学阐释不仅是当下讲述中国文化的方法、手段、途径，而且是当下知识分子还原中华文化本来面目、成功进行跨文化交流的应有意识。大道至简，中华民族的文化精神在于"一多不分"，天人合一、万物联系的哲学结构造就了中华民族你中有我、我中有你、和谐圆融的处世智慧。这是我们对中华文化的认知纲领，只有把握好这个纲领，我们才能讲述中国文化、解决中国文化与他者文化之交际问题，厘清并发现表层文化背后的真实与实在。把"一多不分"的哲学思想贯穿其中，帮助国人从根基上把握中华文化的本质、具备理性的文化判断力，国人重拾文化自信就不是妄谈。作为中华文化传承者的国人，必须在比较哲学的引导下建立起文化的自觉、文化的自信，才能承担起传播中华文化的历史使命。作为汉语教师和培养未来汉语教师的人，我觉得任重而道远。

一位中国著名主编说：从某种意义上，安乐哲先生唤醒了中国文化自觉和自信。我们认识到是自己的语境错了，中国儒学、哲学的原本主流话语被边缘化了。

我的体会：_____

_____

_____

_____

_____

_____

_____

第四节
儒学的西方对话伙伴是后现代思想

> 在西方书店里找中国哲学书，在哲学类找不到，要到东方宗教类书架上才能找到。按照西方学术分类，中国哲学不属于"哲学"（philosophy）。大多西方大学的哲学系不教中国哲学。学中国哲学要到"宗教系"（Religion）或"亚洲系"（Asian Studies）。甚至北京大学哲学系讲授的都不是孔子，而是海德格尔。
>
> ——安乐哲

西方后现代思潮和全球化形势为儒学"走出去"、对西方现代和后现代思潮做出反应提供了历史的条件。"走向去"的意思是与后现代思想对话。在这点上，儒学历史上做不到，在很多年中西相遇过程中也还未做到。为此，儒学需要对西方文化结构和思想背景有深入了解，同时要坚持自己的世界观、思维方式和价值体系，一同与后现代思想讨论在全球化浪潮中困扰人类的"现代性"以及它带来的一系列问题。这样的挑战要求儒学学者放开眼界，针对后现代社会提出全球范围内可资利用的儒学观点。

儒学需要拓展自己的体系以容纳后现代主义视角。目前儒学的复兴要超越古老的争论和旧的话语局限，避免简单复古。儒学的光明前途在于用现代语言表述自己深厚的哲学与文化意义，也即能够对后现代社会的问题做出回应与解释，为人类理解自身前途提供一种崭新的视角。

我们生活在一个各文明前所未有地频繁交流的后现代时期，每个文明面临的紧迫问题都是要对其他文明、宗教和哲学进行深刻了解。如萨缪尔·亨廷顿所说，"要更深刻理解其他文明所基于的宗教与哲学理念和其他文明中人们如何看待自己利益的方法"。人类未来不可能由某单一文明作为全球文明，任何文明都必须学会与其他文明和平相处和探寻这种可能性。所以儒学更要与时俱进，找到与其他文明形态存在的相通之处，同时满怀自尊与自信，在全球化的背景下与它们进行交流。

在西方与中国一个多世纪的相遇时期，儒学都没能与西方文化传统进行真正对话，这主要由三个历史原因所致。首先是1919年五四运动及之后对儒学无情的攻击，宣称儒家思想应该对清王朝腐败及最终覆灭负责。其次，正像在田辰山的研究中揭示的，中国文化传统（包括儒学）与西方马克思主义产生对话以后，特别是 1917 年俄国革命之后，马克思主义中国化，并在毛泽东思想中成功和臻于成熟。毛泽东思想是一个马克思主义经过转换的版本，其精髓是中国哲学，但用的是马克思主义术语；而这术语，又是翻译成汉语的术语。最后，自 20 世纪 80 年代，中国所推行的经济改革，迎来的是新自由主义。出于改革需要，知识分子逐渐转换了一种有关中国未来的话语，它对马克思主义和儒学的解释，都是自由主义话语。事实上，流行的话语对儒学的批评很极端，并且将抛弃儒学视为时髦之事，认为它是过时的封建文化残余，与现代化、民主理念相抵触。

看起来，儒学与西方思想进行对话的机遇已经出现了，因为：（1）后现代主义对现代主义提出了挑战；（2）文化批评家们对资本主义、民主及技术的制度提出了质疑；（3）自 20 世纪 80 年代中期，专家们提出这样一种观点，即中国早期哲学家都是后现代主义者；（4）尽管中国与西方文化思想体系存在结构上的差异，但中国和西方学者们都在向对方学习，以寻求对话的可能。

后现代主义者否认先验论。对他们而言，对现实存在着不同世界观和概想，并不是只有一种唯一正确或真实的世界观和概想，所以，存在多元和并生的本体。如果说笛卡儿建立了现代主义，那么后现代主义则是摒弃了笛卡儿（或曰"所谓笛卡儿"）现代思想的主要特点。后现代的旗帜下容纳着一系列观点，如强调社会先于个体，不承认哲学的无处不为的真理性，认为矛盾性比知识更为重要，在决策程序中赋予非理性与理性相同的地位，等等。正像郝大维（David L. Hall）与安乐哲（Roger T. Ames）所论述的那样：有一个单一秩序的世界的假设，它也许可以作为描述或解释所做努力的根据和目标；它或者也可作为行动者在本质化思维框架和自我中心意识上思想、决策和采取行动的根据；它也可是某一稳定的行动者之所以采取行动的理念，而这种理念又可以成为理念的主体或者是行动和决策之责任的结果，这一切都不再是前面所提到的（后现代）运动所设想的了。

郝大维与安乐哲认为，对标准理性主义神话到文化发展逻辑主义阐释很有挑战性的是对美国实用主义传统的重新评价与更新。安乐哲指出，约翰·杜威具有某种宇宙论"理念"的民主，这种理念可以作为启发，让人们发现儒学所具有的相应的宇宙论"理念"，它可以作为可靠的基础去预想一种中国式的民主，这是一种能够对自由主义民主提供对照与批评的民主形态。

自 20 世纪 80 年代中期，葛瑞汉（Angus C. Graham）及其他专家就开始认为中国所有早期的哲学家都是后现代主义者，或者至少是后现代主义的候选人，因为他们的思想都不讲本质、真理或者超越的起源，不包括原旨主义设想。孔子、庄子以及其他不在少数的人被认为享有与西方同期思想家同等的地位，是因为中国的思想家关注的是对于道德或争论的有效性、可能性、共识性，而非绝对性的参考点。在这些论述中，正像苏源熙（Haun Saussy）所指出的，这些学者认为只在当下才能够想象两种思想的交汇。

然而，正因为有了接触的机遇，双方更需要对对方有更深刻的了解，这可以从对两种文化传统结构性差异的研究入手。了解了二者之间的巨大差异，我们就会意识到我们能够做的并不是寻找二者之间的共同点，而是要建立对彼此的开放心态。双方如此践行的可能性产生，很大程度上要归功于葛瑞汉、郝大维和安乐哲这样重要的文化对话学者。他们自 20 世纪 80 年代起就鼓励一种可行操作：一方需通过超越自身术语背景达成对对方传统的近距离理解；或者说，在存在结构差异的情况下，任何一方都不可能在自身的术语背景下充分地理解对方，所以双方必须学会如何以对方的术语正确地理解对方。

全球化时代要求儒学日益增强意识：它要走向全球，真正参与到与后现代主义思潮相关的现代性问题及日益困扰人类种种议题的对话中。与其在过去一个多世纪中所做的不同，儒学不需要试图将自己纳入西方知识体系和思维框架中去；它在后现代时期的光明前途在于用当代语言展示其深邃的哲学和文化内涵，因为它的博大精深使自己具备从不同于西方的视角提供对人类未来之路更充分理解的能力。

在后现代时期，后现代主义与儒学的相遇正在启动一场真正的对话。这种对话在全球化和后现代性产生之前，由于缺乏历史条件而从未存在过可能性。现在条件来了，相互理解的希望曙光正从地平线处出现。

"一多不分"点滴

　　一位俄罗斯博士研究生体会到:"一多不分"这个概念是中国的宇宙观,它即体现于中国哲学,也体现于人们的每日生活,抑或哲学与日常生活实际上是"一"与"多"不可分。作为西方人,我希望我也能将它变为我的生活方式。有机会亲临这样一个暑期讲习班学习很是幸运。我被教授们关于中国传统哲学核心理念的阐释深深打动着。我真的想说,一些观点真令我有醍醐灌顶之感。

　　一位英国学者表示:我一直在寻找另一种看待世界的方法,这种方法不做正确或者错误的绝对判断(或者像我生活中有的那种二元对立思维)……现在有了"一多不分"!值得期待,它将有助于我意识到我回国之后与别人培养关系的崭新方法。在整体经验上,我通过与另一种文化比较,学懂、看懂了我自己的文化。我来中国的目的,是来学习用不同于西方的方式看待和生活在这个世界。

我的体会: _____

_____

_____

_____

_____

_____

_____

第五节

西方"政治"与儒家"治国"：逻辑怎样不同

在全球互相依赖时代的国际关系格局中，应该有中华文化的一个席位，儒家文化会带来着眼于双赢的无限游戏原则，而不是有限的"零和游戏"原则，还会加强世界的联系。角色伦理有利于克服以排他性、自私利益为中心的一己性思维，把"个体人"看成"大家"，看成"我们"。它要推出互相尊重的文化，把家庭观念作为世界秩序的基础点，让世界从零和游戏思维中萌发出地球村相互依存的意识，实现和而不同，而不是搞山头主义。

——安乐哲

　　"政治思想逻辑"是一个综合词汇。其中"政治"和"逻辑"两个组成词需做解释，因为它们不是西方这两个词原来的意思。有人可能不知道，以为"政治"和"逻辑"就是"politics"和"logic"，但其实不是。

　　"politics"是权力斗争，伴随这一概念的是统治与被统治二者之间二元对立式、自然天敌性质的关系。中文"政治"含有的权力斗争意思，是近现代西方"politics"概念译成汉语带来的影响。古汉语的"政治"，"政"是"正"，孔子说"政者，正也"，治是"治水"。政治不是"politics"的攫取权力那个概念，而是料理社会、人世事务的意思。孙中山有"管理众人之事"的说法。毛泽东讲"为人民服务"，是为人民的政治。

　　"logic"汉语译为"逻辑"，原意是万物有一定的秩序。秩序是理性、外部强加的，是主宰一切的超绝非自然力量（如上帝）设定的，是单线单向决定的关系。汉语"逻辑"是纯为翻译目的而创造出的词汇，古汉语原本没有。"逻辑"来自西方，作为中文词汇后是"规律性"或"某种理论、观点和说法"的意思，这其实也是道理或道理关系的意思。逻辑推理是道理关系的追寻。应该说，逻辑来到汉语中，意思上与原来的 logic 相去已远。

　　总结起来，中国与西方的政治思想逻辑是在结构上有差别。所谓"结构差别"，是指双方的宇宙观结构差异以及在各自宇宙观结构差异上发生的思维方式的结构差别；在宇宙观和思维方式结构差异上产生政治思想逻辑的结构差别。（1）西方有上帝或其他代替上帝的超绝存在，在这个虚设基础上建立的是上帝与万物之间的二元单线单向决定关系；中国没有上帝或任何超绝存在，而有的是"道"，道不是虚设，而是人类经验的理性化，讲的是万物之间的互联相系性。（2）西方上帝是人的参照物，上帝是至善的，人本性是自私邪恶的；中国人的观念没有上帝参照，人是自己的心性问题，是可以改变和教育的，是修养、认识、得道的多少或远近问题。（3）西方由于人性恶，虚设出一个人必须逃脱的自然状态；中国不虚设，而是从经验得出社会最好的状态是自然得道的状态，社会失序是失道，是小人掌权。（4）"自由民主"逻辑不是好人掌权问题，而是建立人性恶的政治契约与牵制机制问题，必然逻辑是把权力（利）给予竞争机制产生的强人；中国逻辑解决的是避免小人掌权，"选贤与能"，即选择谦谦君子或让好人领导，因而发展出一整套君子产生的严谨逻辑。可以说西方政治思想结构是建立在虚设、以虚设为信仰的推理之上；中国政治思想结构则是建立在人类自己经验的理性化归纳之上。

西方政治学概念"politics"（政治）是个人权力斗争，伴随这一概念的是统治与被统治二者之间二元对立式、自然天敌性质的关系。西方"logic"原意是万物有一定秩序。秩序是理性的、外部强加的，是主宰一切的超绝非自然力量（如上帝）设定的，是单线单向决定的关系。中国观念的"政治"和"逻辑"不是西方这两个词原来的意思。中国政治思想逻辑是关于人生与社会治理问题的道理关系，它是从中华民族精神内涵中衍生出来的。这个内涵是：第一，"一多不分"的天下观；第二，通变的互系思维；第三，"和而不同"与"天人合一"的价值追求。"一"是自然、宇宙、万物、社会、人生不可割裂的互联相系性；"多"是万物个体的多样、多元状态的特殊性；"不分"是万物的互通、互为延续性。

西方自由民主政治思想逻辑的基础是"一多二元"模式的哲学。"一"是主宰宇宙万物的"超绝物"；"多"是万物个体的多；"二元"是"一"对"多"的"超越"和"一"与"多"之间的单线单向决定主义、二元分叉关系。"一多二元"宇宙观、二元对立思维方式、对绝对性认知和用它的普遍主义原则对一切进行解释的价值体系，这三者构成西方民族精神内涵。以霍布斯和洛克代表的"自由民主"政治思想逻辑有四个关键逻辑范畴：存在一个上帝、人性邪恶不可改变、人类经历过一个自然状态、人类权威出现是人类契约的结果。上帝存在解决人的"自由""权利"的合法性来源；人性恶是上帝存在的必然逻辑；"自然状态"是上帝赋予个人"自由""权利"的必然前提；契约是前三个逻辑的假设结果，它规定强者个人人性放纵和追求无限私有财产积累的合法性。

中国政治思想逻辑具有西方政治学思想逻辑无可比拟的严谨性。道的观念避免了西方非理性的心理作用信仰，是中国政治思想实现完全、彻底理性化的基础，这使得中国政治哲学对人性善恶两种可能性有充分理性化和严密逻辑性的分析。所以，中国政治思想是一个完整的对如何是好人、如何产生出好人、如何识别和选用好人、好人是怎么治国、治国如何出现最佳状态、小人会如何使用伎俩上台、如何避免小人上台等有严格逻辑关系的体系，贯穿始终的是中华民族精神的内涵："一多不分"的天下观、通变的互系思维，以及"和而不同"和"天人合一"的价值观。

中国现当代的政治思想逻辑是马克思主义中国化的逻辑，是在中国自古以来中华民族精神内涵基础上的政治思想逻辑的现代表述和现代体系。它与西方启蒙运动以来产生和实行的自由民主政治思想逻辑有着根本结构性的差别。它的严谨性、完整性、逻辑性远远超过自由民主政治思想逻辑。中国现在走到了一个对这种政治思想逻辑结构充分认识的十字路口。只有认识这种结构，中华民族才能够增强民族自信心，才能在世界之林创造性地走出一条具有中国特色的社会主义政治文明道路，为创建一个人类和谐的世界有所贡献。

"一多不分"点滴

　　一位中国著名哲学家说：中华思想文化的世界观、方法论、思维方式、价值观念和语言体系是"一多不分"范畴的一脉相承。这是中国人应首先明白的，这是"什么是中华文化"的答案。从这里才产生多元意义的中西文化意识。这是必有的哲学，高度是比较中西哲学，不来到这个哲学层次而讲中华文化跨文化能力和方法，不容易讲到点子上。

　　一位以色列学者说：自从文化对话和比较开始，不断重复的一个重要问题是，如何将固有的假设方法放到一边，忘记我们给自己强加的思维模式（这种模式从我们孩提之时就跟着我们），从而拥有一种开放心态，对一个完全不相同的思想体系获得深层次的理解。西方哲学让我们从个别走向假设真理，一个例案可以简约至或扩大为一个假设真理。而中国哲学让我们从典型，从"归纳性抽象意义"走向具体，走向每天的生活实际。

我的体会：_____

_____

_____

_____

_____

_____

_____

第六节
"公共外交"与中华文化价值

儒家哲学的内涵价值及教育制度，对新世界文化秩序，堪为重大利好。西方需要克服今天对"儒学"的误解，要坚持用中国话语阐述中国伦理。儒学在关系结构中确立的人的观念，可以成为西方个人主义的强有力替代。

——安乐哲

中国"公共外交"的目的应该是什么？应该表达中国政府和人民的善意、友好和创建和谐世界的真实愿望。这样的目的，说起来容易做起来难，因为要达成这样一个目的，需要具备一些具体条件。

一、要与美国公共外交目的相区别

"公共外交"源自英文"public diplomacy"。与现代许许多多源自西方的概念一样，该术语的中文和英文含有结构性歧义，是用于截然不同目的的。如果对它们的歧义与目的不加以区别，就有"名不正则言不顺"之嫌；"公共外交"用在中国身上，则成为一种误用，会导致误解，使中国被动。

英语"public diplomacy"与西方自由主义政治直接相关，是具有特殊文化含义的术语。在英语语感上，public（公共性）与private（私人性）是对立意义。在西方社会意识形态中，private（私人性）是具核心价值性的，因为它与"human rights"（"人权"）范畴的一己追求与行为是紧密相关的。而"public"（意谓"所有人"或"共同体"）与"个体私人"对立，在这里用在"public diplomacy"术语上，含有特殊意义。"public"对private（私人）这一价值观的反义性以及只有private（私人）的追求与行为才被看作是真实有合法性的，使得public在语义上就带有了刻意或虚妄的"意识形态"意味。因此，"public diplomacy"是具有利用公共手段刻意强化政治性的意义的。

美国的"公共外交"术语含有自由主义政治的一套意识形态核心价值：资本主义、一己自由、"人权"、"民主"、一己主义。

在这些核心价值上，美国建立起二元对立的安全观：不安全，也即存在的"威胁"，是对"自由"和"人权"的。资本主义、自由主义、一己人权是美国领导世界的理由，任何对这个理由的不利因素都是国家利益和安全问题。所以，向别国公众灌输自由、民主、人权、一己主义的自由主义价值，使得最不利于自己国际政治主宰的地区掀起"民主"运动（或颜色革命），培养和建立亲美国或西方的政权，是美国的外交政策，也是"公共外交"的目的。

这样的"公共外交"至少有三个"二元对立逻辑"（dualisms）：（1）政府与个人之间二元对立（故支持所谓"持不同政见者"）；（2）"我们"与"他们"的二元对立（不同肤色、宗教、信仰、语言、文化等，二者之间的关系是对立、冲突，是"我们"征服、压倒、统治"他们"的关系）；（3）"美国（西方）"与"非西方（包括中国）"的二元对立（黑白分明地一个先进、一个落后，一个民主、一个极权，一个文明、一个愚昧；与非西方文明的冲突是必然的、终究的；一切不冲突都是权宜的、暂时的）。因此，"公共外交"（"public diplomacy"）这个术语是具有自由主义政治文化特质意义的概念；尤其是美国的"公共外交"这一术语，是基于二元对立文化思维和包含国际霸权目的的。弄清楚"公共外交"的英语"public diplomacy"是这样一个概念之后，中国借用这样一个术语要"表达善意、友好和建设和谐世界的真实愿望"时，须与美国"公共外交"及其目的加以区别的必要性，应当是容易理解的。

二、中国的外交目的是中华文化价值

如借用"公共外交"这一术语，须认识到它已经不再是英语的"public diplomacy"。这时如果再将它翻译回英文去，西方人会对它产生英语"public diplomacy"的语义的理解，结果是导致一种习惯性的误用与误解。这是因为作为中国的外交目的，"表达善意、友好和建设和谐世界的真实愿望"是与西方文化价值具有结构性歧义的中华文化价值。

什么是中华文化的价值？其实严格地说，即使是"价值"的说法，也是一种牵强附会的概念。因为中华文化不搞"价值"，而是热衷"无价"，热衷于"道"。

"价值"是"器"不是"道";立德、立功、立言都是"道"的话语！中国人今天其实是被迫去找"器"，找中国文化"价值"，是舍"道"求"器"，但依旧是用"器"说"道"！

与美国价值歧义很大的中华"价值"不是"资本主义"，不是"一己自由"，不是"一己人权"，不是"金钱赎买的民主"，不是"一己主义"；要说中华"价值"，相对来说，则是"社会主义""绝大多数人的利益""人民的权利""大众的民主""人与人和人与社会的关系"。为什么这些可归为中华文化"价值"？因为它们反映的是中华文化"道"的意义。

什么是"道"？"道"是自然、社会、人之间的互系性，这是中国人自古以来的宇宙观。"社会主义"一语来自西方，但在中国人理解中，它讲的是人的社会性，社会性就是互系性；"绝大多数人的利益""人民的权利""大众的民主""人与人和人与社会的关系"等之所以受中华文化崇尚，就是因为这些说法基于"道"的思维——人不是绝对独立存在的，而是作为互相关系存在的。

之所以说"表达善意、友好和建设和谐世界的真实愿望"是中华文化价值，正是由于中国人把人看成是社会性、互系性的，不是独立存在而是作为互相关系存在的，认为不论在世界哪一个角落的人类都是如此，都需要表达善意、友好，需要和谐相处，所以需要创建一个和谐的世界。全球化是人类从四面八方走来，走向"共和"的过程。"共和"不是"republic"，而是"共"与"和"，是共享一个地球，和睦相处。为了达成这个目的，人类必须彼此学习、相互理解、相互尊重。

中华文化的"人"观念，是以个人为焦点、以关系为域场的心／场结构；人与人的关系是"仁"；人不是本性恶、不可变的质体，人本身是一个做人、成人的过程。所以中国不会产生西方自由主义那样的概想：将人看成分散颗粒式的绝对质体，而一旦发生关系，必是单线单向二元对立关系那样的"人"概念；也自然发展不出这种概想导致的资本主义、一己自由、人权、民主、一己主义等核心价值，以及在这种价值基础上建构的"政府与个人"、"我们"与"他们"、西方与非西方三个二元对立的外交目的意识。

三、作为中华价值的"公共外交"目的为什么难达成？

现在，增强中国软实力、建立中国形象、搞"公共外交"成了热门话题。但经历似乎告诉中国，在西方文化面前表达善意、友好和建设和谐世界的愿望是艰难的，这已是不具争议的问题。不过，使中国向西方表达善意和友好愿望这么难实现的原因在哪里呢？一个重要原因是，从比较文化角度看，可以说双方在文化上都是不知己、不知彼。而要做到知己知彼，则是个中国和西方互相了解的问题。知己知彼从来不是一方的事情；而不知彼而声称知己，只是自以为是而已，不知彼不可能做到知己。这样，比较文化的逻辑就来了，中国要想做到知己知彼，知道西方的自由主义是怎么回事，也知道自己是怎么回事，非得要做点中西文化比较不可！

在这里要指出的是：要做到中西相互理解，非得是比较中西思想文化不可；要进行这样的比较，就非得进行相互间的结构性比较不可；要明白彼此间各自是什么结构，就非得是"一多二元"和"一多不分"这种认识不可。在总体上，西方文化从理论上看可谓是一多二元模式，中国文化可用一多不分的概念表示。

什么是"一多二元"？它是一种西方文化特有的宇宙观："一"是上帝或绝对真理，"多"是独立、分散、不相联系的个体万物，一"统治"多；二元即非白即黑的对立思维，具有绝对性、极端性。"一多二元"也可概括为"绝对主义"和"二元对立主义"。"一多二元"是围绕"上帝"产生的价值观，一切价值来源于上帝或绝对真理的超绝性，来源于二元对立性。

什么是"一多不分"？它是与西方比较而来的中国宇宙观："一"是浑然而一；"多"是互系不分的万物。所以"一"不是外在，而是内在于"多"之中，是互系和延续。"一"在"万物"之中，贯穿"万物"，即所谓"道"。"一多不分"恰是没有上帝式的"超绝"思维，没有非黑即白的二元对立思维。"不分"即"你中有我，我中有你"，是中国文化特有的阴阳或变通思维。更多关注不是在绝对"价值"上，而是在"关系""互系""内在联系"上，在"适当性"上，在"中庸"上，即在"道"上。

"一多不分"点滴

　　一位中国学者说："一多不分"用《易经》理解，就是互相作用的"圆"，可用太极图形表示；在家庭关系上理解，"一多不分"就是在父子、夫妇各种社会关系里体现的；"一多不分"观念带给我们一个浑然一体、不可分割的关系网，让我们在生活、工作、学习中注重个人对别人的影响力。

　　一位中国学员总结自己的学习体会时说：安乐哲、罗思文、田辰山教授致力于用中国意义话语解释中国文化，恢复被西方哲学话语掩盖的中国哲学生机和活力。他们使西方学者意识到中西文化差异的根本所在；同时也使中方学员意识到，目前中国哲学体系使用的很多像主体、客体、自由等概念本来和中国文化传统没有任何联系，是生搬硬套西方哲学概念的具体表现。实际上，人们并不了解这些话语背后西方人认识世界、思考世界的方式；这种情形迫使我们不得不进行中西比较，重新审视存在的矛盾和问题。中国文化传统目前正处在"不识庐山真面目，只缘身在此山中"的困境中。我们要树立"走出庐山"的意识，深刻领悟西方文化，再返身自己，重新发现中华文化的伟大价值，让中国文化讲述自己，彻底摆脱西方话语影响。

我的体会：_____

_____

_____

_____

_____

_____

_____

第七节
从中西文化互鉴看马克思主义中国化

　　西方在对待中华哲学文化时，是按照西方概念、标准来讲述和衡量，这是一种单向主宰性的阐释。这种阐释起到一种鞋拔子作用，把中国哲学的脚往西方概念鞋子里硬塞。

——安乐哲

　　"马克思主义中国化"是个突显中国特色社会主义的理论问题，是当今拥有十三亿人口的中国，作为一个东方大国坚定走自己的路、对道路充满自信的重大理论问题。鉴于在中国共产党领导下中国今天呈现的社会现实以及中国在当下世界格局中的地位，重新理解与阐释为什么马克思主义能走上中国化道路，认识马克思主义与中国传统思想文化的关系，具有极其重大的意义。

一、马克思主义中国化的政治必然与历史契机

　　如果对基本历史知识有所了解，而且持有客观的人民性观点，应该不难认识到，20世纪马克思主义在中国的传播以及生根开花，不是一个偶然现象，而是文化、政治、历史的内在必然性起的决定作用。简言之，马克思主义符合中国的政治诉求，符合中国传统对人事、天事的认识。政治诉求，即对一场社会大革命的需求，对重振中华的需求。对人事、天事的认识，即传统民族精神、文化思想中深层次的天道万物观、人生观、道德观、辩证观、崇尚观；而内含于其中，可被称为主脉与核心的，是人民性，或曰"民本观"。民本就是天道，天道就是正道；重振中华，就是"大道废，有仁义"；霹雳治乱，使人间重归正道。

　　马克思主义中国化的几个必然逻辑问题，不应被忽略。其一，马克思主义本是西方思想传统主流的异军突起，它是马克思主义走上中国化之路的内在原因；其二，在数不清的西方思潮涌入中国的历史背景下，中国人百里挑一，接纳了马克思主义，这是历史性的选择，也是自然、必然性的选择，它反映马克思主义与中华思想的天然联系；其三，马克思主义对于中国是自然选择，而不是被强势政治力量刻意引进并强加于社会与民众的，它一开始只是少数知识分子的个人信仰，

之后其整个中国化过程都结合着革命的实践，产生摧枯拉朽之势，形成自下而上、由弱到强的磅礴气势，最后成功地上升为整个民族的现代意识形态。这一过程皆反映出必然性所起的作用。

　　要更深入地理解马克思主义中国化，中西哲学比较是必需的。在这一比较视野中，人们才意识到，西方哲学不是铁板一块的思想体系，必须一分为二；西方的不少思想不太可能与中国天人之道的思想沟通。马克思主义是西方最能与中国对话的部分，有其确凿原因。马克思主义关键地在三点上根本脱离西方主流思想：一是作为无神论，脱离主流的超绝造物神（或唯一真理）本体论；二是申明世界一切事物皆是互相联系的；三是承认自然宇宙的本质是变化。此三点与西方主流思想相悖，却容易与中国对话。因为，由古希腊苏格拉底、柏拉图、亚里士多德开始，直到启蒙运动确立个人自由主义传统，西方主流思想奠基于以下两点：（1）形而上学的超绝造物神（或唯一真理）本体论；（2）宇宙间一切皆为形而上学质相的个体性、互不联系、二元对立。这样的主流思想中，"异军突起"的马克思学说将"人"视为社会性，因而具有鲜明人民性，成为容易与中国对话的政治原因。在中华文化方面，"民本观"是现代中华思想"人民性"的传统根源，中国化的马克思主义是具有鲜明人民性的中国现代思想，其根本源自马克思主义的人民性与中国"民本观"的合拍。

　　有理由说，中国近现代的革命政治诉求所需的一个历史契机，在马克思主义那里获得满足；同时，马克思主义与中国革命政治实践相结合。这个"供求关系"的历史大幕是：一方面，西方私人资本力量的世界性进犯（全球化）形势，另一方面是中国的革命向西方寻找"先进思想"。除去数不清的其他西方思想，中国人恰逢其时地遇到对欧洲风起云涌的工人运动产生影响的马克思主义；这是一次中国与欧洲联系在一起的历史契机，其中的政治目标紧紧契合为一体：马克思主义"人民性"与中国天人之道"民本观"的结合。现代中国，民本观作为人民性，旗帜鲜明地站在人民大众立场或角度对社会提出变革要求。在欧洲推动、指导工人运动的马克思主义来到中国，与民本观产生共鸣；二者之联系自然是深厚的。

二、马克思主义与中华思想文化的天然联系

如上所述，西方思想传统自古希腊苏格拉底、柏拉图、亚里士多德开始，到启蒙运动确立的个人自由主义基于：（1）形而上学的超绝造物神（或唯一真理）本体论；（2）宇宙间一切皆为形而上学质相的个体性、互不联系、二元对立。这在比较中西哲学阐释视域，可概括为一个术语，即"一多二元"："一"是指形而上学的超绝造物神或唯一真理，"多"是"一"主宰下"宇宙间的一切（含人）"，"多"是以形而上学的质相个体性、互不联系、二元对立为存在形式的；另外还表示：无论"一"与"多"之间，还是"多"彼此之间，关系都是单向单线性、二元对立的。

与"一多二元"相对而言，中国的天道万物观可概括为"一多不分"。中国自然宇宙观没有西方形而上学的超绝造物神或唯一真理的"一"，也没有西方形而上学质相的个体性、互不联系、二元对立的"多"。"一多不分"的"一"，是相系不分致使的一切事物呈现"浑然而一"；"多"是指内在互系、呈现浑然而一状态的事物多样性。所谓"一多不分"，是"一"中有"多"、"多"中有"一"；"一"与"多"互为必要依存条件。

在"一多二元"与"一多不分"之间，马克思主义无神论彻底否定主流的造物神（或唯一真理）本体论，申明一切皆是互相联系的，宣称变化为自然宇宙的本质，恰是从"一多二元"走向"一多不分"的思想形态，所以能"异军突起"，演变为西方最能与中国对话的部分。

马克思主义走向"一多不分"，与中国思想传统就有了天然联系性。天然联系性使马克思主义有了实现中国化的可能性，而后与中国天道万物观结合而形成现代新思想意识形式。说"天然联系"，是区别于非天然、非联系，是就其源自人类经验而非形而上学抽象概想而言。就是说，马克思主义与中国传统天道万物观，都是出自人的经验对自然世界的感悟而形成的认识，而不是出自上帝造物（或唯一绝对真理）前提的假设。说二者"天然联系"，除去说二者都产生于人的经验，都不含任何人为假设，这样的经验是天然的、自然的，同时也是说，由经验

所产生的，都是"人是互相联系的"认识。这点的共同，是天然性的，是深层次的精神相通之处；二者因此而可沟通，可融通乃至结合。反之，如果认为存在一个绝对造物神（或唯一绝对真理），把一切（包括人）视为"孤立个体、互不联系的"，那是假设的、非天然的，是外于自然的、以概想强加于人的经验的、悖于天然的。所以，"天然联系"是两点，一是经验的，二是人是"相互联系的"、社会性的。

三、从马克思主义到《易经》的"辩证法"中国化

马克思主义在西方"异军突起"，从"一多二元"走向"一多不分"，它的中国化必然集中反映在辩证法智慧的中国化，因而也必然要归于中华智慧源头的《易经》。《易经》是"一多不分"天道万物观、相反相成观（一阴一阳之谓道）、通变互系智慧思维的开源之处。总结起来，这个深层次的中国化过程可分为四个步骤。

第一步：马克思主义的翻译是从德文、英文到日文；日文有大量汉字，很多著作是从日文译为中文的。而马克思主义一经译为中文，已然发生转向"一多不分"中国天道万物观的深刻变化；其原有西方形而上学话语的西方含义被屏蔽。例如，蔡元培用古汉语翻译"辩证法"，以"静之于动也，有之于无也，盖触处无非矛盾者"等语，对待"contradictions"（纯属动作意义的冲突）。梁启超解读西方哲学，以古汉语"有""无""成""万法""则""象"等，去对待西语"being""not-being""becoming""the world of plurality and change""law or rule""form"等概念。所有这些西语概念，无一不蕴含形而上学超绝本体论和一切皆为质相个体、互不联系与二元对立的内涵；而转为汉语后，此种喻义，皆被屏蔽。

第二步：译为汉语后的马克思主义哲学如仍不易理解，便用中国典故、成语、观念表述，这样，西方概念就都变成"一多不分"天道万物观范畴的内在联系（或曰"道"）意象语汇。例如，瞿秋白将辩证法解释为"互辩法唯物论"、正反相

成、互变律、互动律、变易互动、矛盾性。许多概念，如规律（law）、动律（law of motion）、线索（clue）、原因（causality）、联系（link）或关系（connection）、逻辑（logic）、影响（influence 或 impact），在原西语表述的是单向单线性、二元对立因果逻辑；而汉语译词皆是表述"一多不分"意义的类比联想。

第三步：一场刻意的马克思主义哲学通俗化和中国化运动。艾思奇申明："中国自己的哲学中有着丰富的自然发生的辩证法唯物论的遗产。这表示中国自己也有着辩证法唯物论的传统，也即马克思主义的哲学在中国本身就有着思想的根源。"陈唯实从中国古代哲学"探究辩证法的观念"，像郭沫若及其他持同样观点的学者那样，他专门撰写了《中国古代哲学上的辩证法》；他对中国古代哲学遗产进行整理研究，高度评价《周易》《老子》《庄子》的辩证法，指出中国古代"对于辩证法已有相当的发现"。

第四步：毛泽东使马克思主义完全融入中国传统思想语境，大量使用古代典故，提出要与西方形而上学加以区别（包括调整辩证唯物主义基本定律、对恩格斯提出质疑）。在孔子那里，他找到"辩证法因素"，并用"辩证唯物论"解释墨子，提出墨子的"两而无偏"与儒家的"执两用中"是指一种相对稳定的"质"。毛泽东在延安发起一次动员学者整理古代思想、寻找"辩证唯物论"的活动，找出一大批"唯物论""辩证法"的历代思想家。这一中国化过程，显示马克思主义辩证法，基于跟中国思想传统的天然联系，一进入汉语域境，即迥然归于中华文化本土智慧。

四、马克思主义话语承载的中华思想内涵

马克思主义经过中国化，在中国土地的落户形式，大量是对原传统的再阐释与改造。虽不免表面上有些反传统印象，在深层却沿袭、保留古今一脉的天道万物自然宇宙观；同时，深层的沿袭与保留，也使传统思想在一套全新现代语言体系中得以弘扬。在这方面，只有经过大量的细致分析和整理工作，方能更清楚认识。

到底马克思主义中国化是什么？中国到底化了马克思主义的什么？是怎么化

的？现代新话语是什么？它喻义的中华文化传统根源是什么？简洁地说，它是转换视域与话语语境，即由马克思主义的西方视域转换到彻底的中国视域中：（1）就宇宙观而言，马克思主义的自然观转为与之相近的"一多不分"中国自然宇宙观；（2）方法论得之与中国传统的契合机会是作为辩证论的科学方法与《易经》的"观""遂感而通"（以及理学之格物致知）不谋而合；（3）在思维方式上，马克思主义的探求内在联系与"阴阳之道"、万物变通，皆可归入"辩证观"范畴，"辩证"即是《易经》所曰之"通变"，即在万物表面互不联系的状态下，深入格物，发现其间的相系不分，即理，即道，即现代人所说的"规律"，此外，"唯物"论于中国视域，在于将视点放在关系上，放在内在联系上，中国的"物"不是不变本质，而是作为过程与事件的物、是变化的物，充满内在联系的物；（4）在价值观上，"共产主义"有根深蒂固的西方理论基础，但在中国则是与大同（各得其所）社会分不开的观念，"无产阶级""劳动者"是与"弱势"民众、"民本观"相联系的，"阶级道德"对立于西方旧道德与个人至上主义新道德，而在中国是与"得道"（即人离不开关系、人与人需有合乎正道之关系）的意义联系在一起的。

"平等"是由人与人相系不分喻义而来，不是从"个人主义"喻义而来。以"中和"思想为例，它根本表述的是所求之正当关系应达到的状态，仍是社会和谐与人人各得其所的大同含义。然而，在中国化马克思主义语境，它是指"平等"，是从"仁"引申的社会平等；同时"礼"也是"平等"，是人互相尊重与做好本分。有人说："官、民、士平等为仁；人民安心做好本职工作，造导弹、扫大街无高低贵贱，又同时敬老爱幼为礼。"

马克思主义从西方视域转换到中国视域中，随之，中国有了一套对马克思主义阐释的现代话语，而它表达的是中华文化内涵。这样表达传统文化内涵的概念与话语的例子，举不胜举。例如，"为人民服务"离不开"民本""大道之行"的思想根源；"民本"可表达为"为大多数人的利益""无产阶级利益""劳动大众利益""一切以国家民族利益，作为自己的根本利益"；"非无产阶级思想"常指"小人"趋利；"共产党员"可延伸指为"楷模""君子"，所以有了《论共产党员的修养》。做"共产党人"是做"大好人"，要修养，要改造世界观。好人、英雄不是一时一事可以变成的，而是通过平常修养、改造世界观。修养的目的，是为人民服务，是尽职敬业；不怕苦、不怕累、持之以恒、愚公移山等，是为人民服务所应有的态度。共产党员的修养，不是两耳不闻天下事、闭门只读圣贤书，而是胸中时刻装有天下，不忘现实政治，心中有政治就是"治国、平天下"。修养不是个人的事，不只是"圣人"才做，百姓也要做。修养是人人负责任，关心与参与对政府的监督，人人都不当小人；而只要不想当小人，任何人都需要修养，都需要改造世界观。改造世界观最成功者，就是近乎中庸、"天地与我合一"、可与天地参、可干天下大事者。毛泽东在陕北说服人们联合抗日时说："国家国家，没有国，就没有家，如果不把中华民族的存亡作为第一大任，那我们就不配做炎黄子孙。"这既是马克思主义，也是中华思想文化。

不必讨厌政治，马克思主义与中国传统（如儒家）的政治理念都不是坏事；脱离了这种理念根源的政治，才变为坏事，才变为西方自由主义"个人权力斗争"（power struggle）意义的，才是令人讨厌的。政治的政，就是正，就是做正事的人、组织、政府；政就是行公道。马克思主义是"无产阶级政治"，为人民大众利益制定政策和开展社会实践；也是人民民主专政；还是"民本观"，人民利益最大，为人民掌权，或为民做主，即所谓"民主"。政治的"治"，就是治乱、治不正，或曰"正道"。什么是革命？是乾坤不正、大道不行、天下不公，需要扭转，需要疾风暴雨，需要霹雳手段。中国历史周期性的政治腐败引起朝代更迭；马克思主义讲阶级斗争，一个阶级推翻一个阶级的统治。政治大凡有两种状态：仁政、德政是奉天承运；揭竿而起是经大乱达到大治，是替天行道。所谓"阶级斗争"，背后的中华文化根源意义，就是不公平、不合理、不仁不义、以强欺弱，就是金钱和权力的压迫；讲阶级斗争，就是承认这种状况，注意这种状况，反对这种情况。共产党在马克思主义旗帜下进行的革命政治，就是历来传统话语所说的上面这种情况。

对马克思主义中国化做简洁理论概括，它就是马克思主义与中国革命具体实践相结合，与中国社会主义事业具体实践相结合。今天进一步深刻地阐释这个问题，要讲深层视域，要讲哲学方面的马克思主义思想在中华哲学文化土壤的扎根和与中华传统世界观、思维方式、价值观的结合，以及以此为基础在具体实践层次的开花、结果。实际上，这是让马克思主义找到与中国现实政治和中华民族精神的内在联系，是用马克思主义世界观、思维方式、价值观、立场、观点、方法解释中国的具体问题；与此同时，也是用中华民族的世界观、思维方式和价值观念理解马克思主义。所谓"中国化"，是打通二者：话语上打通，思想上打通，具体实践、政策和策略上打通。

21世纪的今天，在中国共产党领导下，中国的社会现实及其在世界格局中的地位，发生了天翻地覆的变化。中国面临空前复杂与严峻的局面，中国的视角也好似变了。但我们应该清醒地看到，时代没有变，中国今天的历史课题没有变，中国道路的逻辑没有变；我们仍然是在近代以来先辈们开辟的路上走，继续着他们未完的事业，应对着不断出现的新问题。马克思主义并没有过时，现实要求我们更自觉地将其与中国实践相结合。马克思主义中国化曾给中国带来光明。今后，光明仍然属于马克思主义中国化的前途。

"一多不分"点滴

一位中国著名编译员说：我们需要总结好中国经验，把马克思主义与中国优秀传统结合起来，要建立融通中外的话语体系。安乐哲、田辰山树立了很好的榜样。

一位中国教授说：我所研究的两个学术流派，一个是马克思哲学，另一个是杜威哲学。这两个哲学家都是批评资本主义，与孔子学说有相近之处，他们之间的关系还需要很长时间去参悟。从安老师自己的学术观点中，我也获得很多启发，比如说角色伦理学、"一多不分"。

我的体会：_____

_____

_____

_____

_____

_____

_____

图书在版编目（CIP）数据

豁然：一多不分 / 卞俊峰编著. — 杭州：浙江大
学出版社，2018.7（2021.7重印）
ISBN 978-7-308-18308-6

Ⅰ．①豁… Ⅱ．①卞… Ⅲ．①安乐哲—儒学—思想评
论 Ⅳ．①B712.6②B222.05

中国版本图书馆CIP数据核字（2018）第117278号

豁然：一多不分

卞俊峰　编著

_____

责任编辑　黄静芬
责任校对　严　莹　杨利军
装帧设计　周　灵
出版发行　浙江大学出版社
　　　　　（杭州市天目山路148号　　邮政编码　310007）
　　　　　（网址：http://www.zjupress.com）
排　　版　杭州林智广告有限公司
印　　刷　广东虎彩云印刷有限公司绍兴分公司
开　　本　710mm×1000mm　1/16
印　　张　11.5
彩　　插　4
字　　数　192千
版 印 次　2018年7月第1版　2021年7月第3次印刷
书　　号　ISBN 978-7-308-18308-6
定　　价　38.00元

_____